LA PALABRA EL NOMBRE LA SANGRE

LA PALABRA EL NOMBRE LA SANGRE

JOYCE MEYER

La mayoría de los productos de Casa Creación están disponibles a un precio con descuento en cantidades de mayoreo para promociones de ventas, ofertas especiales, levantar fondos y atender necesidades educativas. Para más información, escriba a Casa Creación, 600 Rinehart Road, Lake Mary, Florida, 32746; o llame al teléfono (407) 333-7117 en Estados Unidos.

La Palabra, el nombre y la sangre por Joyce Meyer
Publicado por Casa Creación
600 Rinehart Road, Lake Mary, Florida 32746
www.casacreacion.com

Originally published in the U.S.A under the title:
The Word, The Name, The Blood;
published by Hachette Book Group, New York,
NY 10017

Traducción: Signature Translations
Diseño de portada: Lisa Cox
Fotografía de portada: David Dobson
Director de diseño: Justin Evans
Visite la página web de la autora:
www.joycemeyer.org

Library of Congress Control Number: 2014948855
ISBN: 978-1-62136-962-2
E-book ISBN: 978-1-62998-321-9

Impreso en los Estados Unidos de América
14 15 16 17 18 * 6 5 4 3 2 1

CONTENIDO

PREFACIO

Un día, hace varios años, Dios puso en mi corazón la necesidad de que su pueblo estuviera bien informado con respecto al poder que hay en su Palabra, su nombre y su sangre.

Avivó dentro de mí la idea de producir tres cintas de música: una con canciones acerca de la Palabra, otra que tuviera canciones sobre el nombre y otra que destacara la sangre.

Comenzó a mostrarme cuán importante es que su pueblo guarde en sus corazones canciones hechas para la guerra de los últimos tiempos.

Aunque nuestro ministerio es básicamente un ministerio de enseñanza y no de música, yo sabía que Dios me hasbía hablado, así que procedimos a cumplir con la tarea asignada. Con el asesoramiento y cooperación de nuestro líder de adoración y de otros talentosos cantantes y músicos, produjimos la primera cinta titulada: "Oh, la sangre". Cada canción trataba sobre la sangre de Jesús. Un tiempo después produjimos la segunda cinta titulada "Su glorioso nombre", que contenía canciones sobre el nombre de Jesús. Y finalmente vino "La Palabra viva", con canciones sobre la Palabra de Dios.

Durante la producción de estas cintas que ahora están disponibles para el Cuerpo de Cristo a través de nuestro ministerio, el Señor comenzó a poner en mí el deseo de escribir un libro guía sobre la Palabra, el nombre y la sangre. Presento este libro con humildad, consciente de que son temas muy preciosos. Oro para que el Dios Todopoderoso me conceda gracia y yo pueda hacer justicia a cada uno de ellos al tratarlos con un temor reverencial.

Usted encontrará estas páginas llenas de referencias bíblicas...guárdelas en su corazón y estarán a su disposición cuando las necesite.

INTRODUCCIÓN

Sin lugar a dudas estamos viviendo en los últimos tiempos y la Biblia nos enseña que los ataques de Satanás se intensificarán durante estos tiempos peligrosos. ¿Cómo nos defendemos? ¿Cuáles son nuestras armas ofensivas y defensivas? ¿Cómo podemos, como cristianos, protegernos y proteger a nuestros seres queridos durante estos ataques de los últimos tiempos?

Satanás lanza ataques muy personales. Él ataca nuestro matrimonio, nuestros hijos, nuestro trabajo y nuestras propiedades. Nuestra mente es su blanco favorito, así como nuestras emociones y nuestro cuerpo físico. De hecho, la lista es interminable.

El enemigo es un maestro del engaño. Él miente, engaña y roba. (Juan 10:10, Juan 8:44). Él tiene una estrategia y está dispuesto a invertir mucho tiempo para lograr su plan.

¿Nos ha dejado Dios indefensos? ¿Necesitamos gastar todo nuestro tiempo luchando contra el diablo o realmente podemos disfrutar la vida en el mundo de hoy?

Yo creo que Dios tiene un plan glorioso para su pueblo. Él ha establecido en su Palabra que sus hijos son cabeza y no cola, que están encima y no debajo (Deuteronomio 28:13). Dios tiene la intención de obrar *mediante nosotros* para derrotar al enemigo. ¡Él lo hará a través de nosotros! Efesios 3:10 nos da una percepción de esta verdad: "para que la multiforme sabiduría de Dios sea ahora dada a conocer por medio de la iglesia a los principados y potestades en los lugares celestiales".

Dios es sabio; Él es la sabiduría, y la sabiduría tiene un plan que restaurará todas las cosas a su plan y propósito original. Él va a ejecutar ese plan mediante la Iglesia. Él vencerá al diablo mediante su sabiduría multiforme que dará a conocer a los principados y potestades mediante la Iglesia.

Cristo es la cabeza de la Iglesia y nosotros somos el Cuerpo. Nosotros, como el Cuerpo físico tenemos que prestar atención a la cabeza y actuar de manera consecuente. La guerra espiritual tiene muchos aspectos. Mi objetivo con este libro no es cubrirlos todos sino llamar su atención a tres aspectos específicos que son de gran importancia: la Palabra, el nombre y la sangre, armas de ataque y defensa contra el enemigo y todas sus huestes.

PRIMERA PARTE
LA PALABRA

1

CAMBIADOS POR EL PODER DE LA PALABRA

Por lo cual, desechando toda inmundicia y abundancia de malicia, recibid con mansedumbre la palabra implantada, la cual puede salvar vuestras almas.

—Santiago 1:21

Una vez que una persona nace de nuevo, Dios no ha terminado con ella; apenas está comenzando. Después del nuevo nacimiento la persona es entregada al Espíritu Santo para su transformación. La herramienta que el Espíritu Santo utiliza para producir dicha transformación es la Palabra de Dios.

El espíritu del nuevo creyente ha renacido, traído nuevamente a vida, esa persona irá al cielo cuando muera. Ahora necesita ocuparse de su propia salvación con temor y temblor (Filipenses 2:12). Es decir, su alma necesita ser salva. A menudo se define al alma como la mente, la voluntad y las emociones. Cada una de estas esferas necesita salvación. Según las Escrituras, la mente debe ser renovada mediante la Palabra de Dios.

RENOVAR LA MENTE MEDIANTE LA PALABRA

No os conforméis a este siglo, sino transformaos por medio de la renovación de vuestro entendimiento, para que comprobéis cuál sea la buena voluntad de Dios, agradable y perfecta.

—Romanos 12:2

Dios ya tiene un buen plan trazado para cada uno de nosotros, pero nunca lo disfrutaremos a menos que nuestra mente se renueve con la Palabra, que son los pensamientos e ideas de Dios acerca de las cosas. Cuando nuestra mente se renueva con su Palabra, tenemos sus pensamientos y no los nuestros.

Cuando la mente se renueva, ya ha sido salvada una parte del alma. El Espíritu Santo obra incesantemente para llevar a la persona completa a la voluntad perfecta de Dios. A este proceso se le denomina santificación o la salvación del alma. Él no solo obra para renovar la mente, sino también la voluntad y las emociones.

LA RENOVACIÓN TRAE LIBERACIÓN

Porque el Señor es el Espíritu; y donde está el Espíritu del Señor, allí hay libertad. Por tanto, nosotros todos, mirando a cara descubierta como en

un espejo la gloria del Señor, somos transformados de gloria en gloria en la misma imagen, como por el Espíritu del Señor.

—2 Corintios 3:17-18

En este pasaje vemos que el Espíritu anhela llevarnos a la libertad y liberarnos por *completo.* También vemos que esta libertad se logra al examinar la Palabra de Dios. Somos transformados continuamente de un nivel de gloria a otro. Este cambio es la obra del Espíritu y su herramienta es la Palabra de Dios.

Usted y yo no podemos cambiar, ser transformados de esta manera, sin la Palabra. No podemos cambiarnos a nosotros mismos, solo Dios puede cambiarnos. Es el poder de su Palabra lo que produce la transformación. Hay poder en la Palabra de Dios para cambiarnos y salvar nuestra alma.

Ame la Palabra, estúdiela, apréndala, es un tesoro precioso, y siempre debemos respetarla y honrarla.

Yo amo mucho la Palabra de Dios. Las palabras de Jesús, como aparecen en Juan 8:31-32, son una realidad en mi vida: "Si vosotros permaneciereis en mi palabra, seréis verdaderamente mis discípulos; y conoceréis la verdad, y la verdad os hará libres".

A la Palabra también se le llama la Verdad. Yo he aprendido la verdad a medida que he estudiado la Palabra de Dios con los años. El engaño fue desenmascarado en mi vida y la verdad me hizo libre.

Por ejemplo, yo creía (pensaba) que tenía que hacerlo todo perfectamente para recibir el amor y la aprobación de Dios. Me sentía bien conmigo misma cuando me *iba bien* y me detestaba cuando no era así. La mayoría de las veces me equivocaba en algo, incluso las faltas pequeñas me hacían sentir culpable y condenada.

Aprendí la verdad al escudriñar la Palabra de Dios. Descubrí que no tenía que hacer todo de manera perfecta porque Jesús ya había hecho un sacrificio perfecto por mí. Aprendí que debía dar lo mejor de mí y poner mi fe en Jesús. Aprendí que aunque cometía errores, él miraba mi corazón. Él sabía que lo amaba y que quería hacerlo todo muy bien. También sabía que yo no podía comportarme perfectamente debido a la debilidad de mi carne. Él entendía y siempre estaba dispuesto a perdonarme si yo confiaba en él.

Con el tiempo esta verdad me liberó de la culpa, la condenación, el rechazo y las obras de la carne.

Aprendí por experiencia personal que la verdad, la Palabra de Dios, ¡sí tiene poder para liberar!

SATANÁS DETESTA LA PALABRA Y LE TEME

El sembrador es el que siembra la palabra.

Y éstos son los de junto al camino: en quienes se siembra la palabra, pero después que la oyen, en seguida viene Satanás, y quita la palabra que se sembró en sus corazones.

—Marcos 4:14-15

Un creyente que conoce la verdad es una gran derrota para Satanás. La obra del diablo en la vida del cristiano se basa en el engaño. El engaño es un resultado de creer mentiras. Mientras yo creía algo equivocado, estuve engañada. Cuando aprendí la verdad, el engaño fue revelado y quedé libre. Satanás detesta la Palabra y le teme. Él hará lo que sea posible para impedir que aprendamos la Palabra de Dios.

Si escuchamos o estudiamos la Palabra, el diablo intentará robárnosla de inmediato. Él no quiere que la Palabra eche raíz en nuestros corazones y comience a producir buen fruto en nuestras vidas.

Amados, necesitamos saber cuánto el enemigo detesta y teme a la Palabra de Dios. Saberlo hará que estemos más decididos a hacer de la Palabra de Dios una prioridad en nuestras vidas.

Si Satanás obra de manera tan ardua para mantenerlos lejos de la Palabra, entonces debe tener un buen motivo. El motivo es sencillo: él sabe que la Palabra de Dios es un arma poderosa en su contra. ¡Esta garantiza su derrota! Por esa razón es imperativo que aprendamos a esgrimir la espada espiritual.

LA PALABRA DE DIOS ES LUZ Y VIDA

Porque la palabra de Dios es viva y eficaz, y más cortante que toda espada de dos filos; y penetra hasta partir el alma y el espíritu, las coyunturas y los tuétanos, y discierne los pensamientos y las intenciones del corazón.

—Hebreos 4:12

La Palabra de Dios es luz, vence las tinieblas. La Palabra de Dios es vida, vence la muerte.

Cuando comenzamos a aprender la Palabra, esta comienza a dividirnos las cosas, comienza a separar la verdad de las mentiras. Por consiguiente, comenzamos a entender qué viene del Espíritu y qué viene del alma. Pronto sabemos qué actos Dios aprueba y cuáles no.

La Palabra revela los motivos equivocados, los pensamientos equivocados y las palabras equivocadas.

En el Evangelio de Juan se nos dice que "**en el principio era el Verbo, y el Verbo era con Dios, y el Verbo era Dios. En él estaba la vida, y la vida era la luz de los hombres. La luz en las tinieblas resplandece, y las tinieblas no prevalecieron contra ella**" (Juan 1:1,4,5).

El motivo por el cual Satanás detesta y teme tanto a la Palabra de Dios es porque esta es luz, y él solo puede existir en la oscuridad. Es por eso que debemos aprender y usar la Palabra de Dios, porque es un arma espiritual.

2

EL ARMA DE LA PALABRA

Por lo demás, hermanos míos, fortaleceos en el Señor, y en el poder de su fuerza.

Vestíos de toda la armadura de Dios, para que podáis estar firmes contra las asechanzas del diablo.

Porque no tenemos lucha contra sangre y carne, sino contra principados, contra potestades, contra los gobernadores de las tinieblas de este siglo, contra huestes espirituales de maldad en las regiones celestes.

Por tanto, tomad toda la armadura de Dios, para que podáis resistir en el día malo, y habiendo acabado todo, estar firmes.

Estad, pues, firmes, ceñidos vuestros lomos con la verdad, y vestidos con la coraza de justicia, y calzados los pies con el apresto del evangelio de la paz.

Sobre todo, tomad el escudo de la fe, con que podáis apagar todos los dardos de fuego del maligno.

Y tomad el yelmo de la salvación, y la espada del Espíritu, que es la palabra de Dios; orando en todo tiempo con toda oración y súplica en el

Espíritu, y velando en ello con toda perseverancia y súplica por todos los santos.

—Efesios 6:10-18

Este pasaje nos enseña sobre la armadura de Dios y la guerra espiritual. En él se nos instruye que nos pongamos las diferentes partes de la armadura que se describen como protección contra los principados y potestades, el maligno.

Son armas de defensa. Incluyen la coraza de justicia, el cinturón de la verdad (que sería la Palabra, ya que la Palabra de Dios es verdad), el calzado de la paz, el escudo de la fe, el casco de la salvación, la oración, y un arma ofensiva: la espada del Espíritu, que es la palabra de Dios (Efesios 6:17).

Una espada es un arma con la que se ataca al enemigo. La espada en la vaina no tiene valor. Es necesario esgrimirla o sacarla de la vaina y usarla de manera adecuada. La Palabra de Dios es la espada del creyente, y debe aprender a usarla acertadamente.

La versión inglesa *The Amplified Bible* afirma en Efesios 6:17 que es el Espíritu quien esgrime la espada. ¿Qué significa esto? Yo creo que significa que el Espíritu Santo en el creyente sabe exactamente qué Escritura usar en cada situación. Él sabe precisamente qué tipo de ataque está sufriendo el creyente, incluso qué tipo de demonio está designado para traer destrucción o tormento.

En mi propia vida he visto que cuando enfrento problemas o desafíos, la Escritura o canciones basadas en la Escritura se suscitan dentro de mí. He aprendido a declararlas o cantarlas o a meditar en ellas incluso cuando no sé exactamente lo que pueda estar sucediendo en el reino espiritual.

A menudo, el Espíritu Santo protegerá a una persona contra el ataque individual incluso antes de que el ataque se vuelva evidente para él, si la persona ha aprendido a esgrimir la espada del Espíritu. Al hacerlo, el Espíritu Santo aplica la Escritura correcta al problema. Por ejemplo, si una persona se siente molesta e impaciente, las Escrituras sobre la prosperidad no le ayudarán. Pero pasajes sobre la bondad, el amor y que las emociones no nos dominen, le fortalecerán y le ayudarán a caminar en victoria por encima de sus sentimientos.

EL VALOR INCALCULABLE DE CONOCER LA ESCRITURA

Porque las armas de nuestra milicia no son carnales, sino poderosas en Dios para la destrucción de fortalezas, derribando argumentos y toda altivez que se levanta contra el conocimiento de

Dios, y llevando cautivo todo pensamiento a la obediencia a Cristo.

—2 Corintios 10:4-5

La porción de este pasaje que habla del verdadero conocimiento de Dios se refiere a la Palabra de Dios. La Palabra de Dios es el verdadero conocimiento de Él y su carácter.

Según la Escritura, Satanás busca levantar fortalezas en nuestras mentes. Las fortalezas son mentiras que se creen. Una persona que cree una mentira está engañada. Cuando una persona cree que lo malo es bueno, ha sido engañada. Satanás obra mediante el engaño, pero el conocimiento de la Palabra es la defensa y victoria del creyente.

Ninguna persona podrá vivir jamás una vida victoriosa sin ser un estudiante sincero de la Palabra del Dios Todopoderoso.

LA PALABRA COMO UNA ROCA

Y aquel Verbo fue hecho carne, y habitó entre nosotros (y vimos su gloria, gloria como del unigénito del Padre), lleno de gracia y de verdad.

—Juan 1:14

En este verso vemos que Jesús es la Palabra hecha carne, que vino a morar entre los hombres. En otros lugares de la Escritura vemos que se habla de Jesús como "la Roca" o una piedra, como en Lucas 20:17 donde se le llama "la piedra cabeza del ángulo" o "piedra angular".

Los cristianos cantan canciones y hacen declaraciones que dicen que están parados sobre la roca: "Jesús es la roca de nuestra salvación…"[1] "sobre la roca firme estoy"[2], y otras más.

Dios me dio una revelación basada en su Palabra, podemos apedrear hasta la muerte a nuestros enemigos, los pensamientos engañosos de Satanás, con la Palabra. Si Jesús es la Palabra hecha carne, y si Él es la Roca, entonces cada porción de la Escritura es como una piedra, así como cada pedazo de una roca literal se llama piedra.

¿Recuerda que David derrotó a Goliat con una piedra lisa lanzada con mucha precisión? En Deuteronomio 13 se dan instrucciones a los israelitas con respecto al manejo de sus enemigos. Los versículos del 8 al 10 dicen lo siguiente: "**No consentirás con él, ni le prestarás oído; ni tu ojo le compadecerá, ni le tendrás misericordia, ni lo encubrirás, sino que lo matarás; tu mano se alzará primero sobre él para matarle, y después la mano de todo el pueblo. Le apedrearás hasta que muera, por cuanto procuró apartarte de Jehová tu Dios, que te sacó de tierra de Egipto, de casa de servidumbre**".

Usted y yo podemos "apedrear" a nuestros enemigos al lanzar la Palabra a Satanás con nuestra boca, de acuerdo a Deuteronomio 30:14: "**Porque muy cerca de ti está la palabra, en tu boca y en tu corazón...**".

Aprenda la Palabra y permita que el Espíritu Santo en usted la esgrima, la espada del Espíritu, al hablar, cantar o meditar en las porciones de la Escritura que usted sienta que Él está poniendo en su corazón.

Usualmente Dios obra en cooperación con el hombre, somos compañeros de Dios. Él nos mostrará lo que debemos hacer, pero no lo hará por nosotros en la mayoría de los casos. Él nos capacitará, nos enseñará, nos dirigirá, nos guiará, pero al final somos nosotros quienes debemos dar un paso de fe y actuar de acuerdo a sus instrucciones.

¡Hable la Palabra! ¡Hable la Palabra! ¡Hable la Palabra!

Cada día usted debe hablar la Palabra, orar con la Palabra, amar la Palabra y honrar la Palabra. La Palabra de Dios es la espada de dos filos que constituye su amar de ofensiva con la que puede defenderse. Si mantiene su espada empuñada, el enemigo no podrá acercársele tan rápido.

LA ESPADA DE DOS FILOS

Regocíjense los santos por su gloria,
Y canten aun sobre sus camas.
Exalten a Dios con sus gargantas,
Y espadas de dos filos en sus manos.

—Salmos 149:5-6

En este pasaje el salmista nos da una ilustración de la posición que los santos de Dios deben asumir: con cantos de alabanza y adoración en sus gargantas y con la espada de dos filos en sus manos. En el resto del salmo continúa infiriendo que esta posición los santos la asumen para defender a sus enemigos.

LA PALABRA EN LA BOCA DE JESÚS

Yo estaba en el Espíritu en el día del Señor, y oí detrás de mí una gran voz como de trompeta, que decía: Yo soy el Alfa y la Omega, el primero y el último. Escribe en un libro lo que ves, y envíalo a las siete iglesias que están en Asia: a Éfeso, Esmirna, Pérgamo, Tiatira, Sardis, Filadelfia y Laodicea.

Y me volví para ver la voz que hablaba conmigo; y vuelto, vi siete candeleros de oro, y en medio de los siete candeleros, a uno semejante al Hijo del Hombre, vestido de una ropa que llegaba hasta los pies, y ceñido por el pecho con un cinto de oro.

Su cabeza y sus cabellos eran blancos como blanca lana, como nieve; sus ojos como llama de fuego; y sus pies semejantes al bronce bruñido, refulgente como en un horno; y su voz como estruendo de muchas aguas.

Tenía en su diestra siete estrellas; de su boca salía una espada aguda de dos filos; y su rostro era como el sol cuando resplandece en su fuerza.

—Apocalipsis 1:10-16

La imagen del Cristo victorioso glorificado que se presenta en el libro de Apocalipsis lo muestra con la espada de dos filos que sale de su boca.

GUERREAR CON LA PALABRA

Entonces vi el cielo abierto; y he aquí un caballo blanco, y el que lo montaba se llamaba Fiel y Verdadero, y con justicia juzga y pelea.

Sus ojos eran como llama de fuego, y había en su cabeza muchas diademas; y tenía un nombre escrito que ninguno conocía sino él mismo.

Estaba vestido de una ropa teñida en sangre; y su nombre es: EL VERBO DE DIOS.

Y los ejércitos celestiales, vestidos de lino finísimo, blanco y limpio, le seguían en caballos blancos.

De su boca sale una espada aguda, para herir con ella a las naciones, y él las regirá con vara de hierro; y él pisa el lagar del vino del furor y de la ira del Dios Todopoderoso.

Y en su vestidura y en su muslo tiene escrito este nombre: REY DE REYES Y SEÑOR DE SEÑORES...

Y vi a la bestia, a los reyes de la tierra y a sus ejércitos, reunidos para guerrear contra el que montaba el caballo, y contra su ejército.

Y la bestia fue apresada, y con ella el falso profeta que había hecho delante de ella las señales con las cuales había engañado a los que recibieron la marca de la bestia, y habían adorado su imagen. Estos dos fueron lanzados vivos dentro de un lago de fuego que arde con azufre.

Y los demás fueron muertos con la espada que salía de la boca del que montaba el caballo, y todas las aves se saciaron de las carnes de ellos.

—Apocalipsis 19:11-6; 19-21

Examinar este pasaje revela fácilmente que Jesús está haciendo guerra en los lugares celestiales y que la Palabra, el nombre y la sangre están presentes y siendo exaltados como debieran serlo en nuestras vidas cotidianas aquí en la Tierra.

3

GUERRA ESPIRITUAL A LA MANERA DE DIOS

...Pues como él es, así somos nosotros en este mundo.

—1 Juan 4:17

Si la guerra de Cristo en los lugares celestiales se libra al usar y exaltar la Palabra, el nombre y la sangre, entonces nuestra guerra aquí en la Tierra debe librarse de la misma manera. Creo que es vital para un cristianismo victorioso en estos tiempos finales que conozca el valor, y que use como nunca antes, la Palabra, el nombre y la sangre. No solo debemos usarlos, sino depender de ellos y poner nuestra fe en ellos.

Poner nuestra fe en la Palabra de Dios le honra. Jesús es el guerrero poderoso, el capitán de las huestes. Él es nuestro líder y está guiando a su pueblo a la victoria. No creo que tengamos que vivir con temor en estos últimos tiempos. Independientemente de cuán difícil parezca la vida, Dios ha prometido que proveerá para los suyos. Él nos ha asegurado que podemos vivir en victoria si mantenemos los ojos puestos en él.

Parte de mantener los ojos fijos en él es seguirle y caminar según sus instrucciones. En toda la Biblia se nos dice que exaltemos la Palabra, el nombre y la sangre, que pongamos la confianza en el poder que ellos tienen.

Caminaremos en victoria si hacemos lo que el Señor dice.

HABITAR Y OBEDECER

El que habita al abrigo del Altísimo
Morará bajo la sombra del Omnipotente.

—Salmos 91:1

La guerra espiritual casi se ha vuelto una pesadilla. Hay tantas enseñanzas sobre cómo librarla que el tema se vuelve confuso a menos que regresemos a la Escritura y redescubramos las instrucciones de nuestro Capitán acerca del tema. Dios nunca complica las cosas, es el hombre quien las complica. Si su vida es complicada y confusa, en algún punto usted se está desviando del camino. El camino que se nos ordena seguir es un camino que lleva a la justicia, la paz y el gozo, no a la complicación ni la confusión.

Hace varios años yo estaba completamente agotada por tratar de pelear con el diablo. Había aprendido muchos "métodos" de guerra espiritual;

sin embargo, no parecían funcionar. Siempre digo que yo reprendía hasta que mi "reprensor" se cansaba; no obstante, aun así no parecía estar del lado victorioso de la guerra.

El Espíritu Santo comenzó a llevarme a estudiar la Palabra y ver cómo Jesús había manejado al diablo. ¿Cómo libró Él la guerra espiritual? Descubrí algunas verdades interesantes. Nuestro Señor no pasaba su tiempo hablando del diablo ni de lo que este hacía. En cambio, sencillamente habitaba en la presencia de Dios.

La Biblia dice que estamos protegidos de los ataques del enemigo cuando habitamos en la presencia de Dios. El salmo 91 sin dudas muestra esta verdad. Le animo a leerlo completo a menudo.

También aprendí que Jesús caminó en obediencia a su Padre. A menudo se cita Santiago 4:7 de esta manera: "resistid al diablo, y huirá de vosotros". Sin embargo, me di cuenta de que en realidad dice: **Someteos, pues, a Dios;** resistid al diablo, y huirá de vosotros (énfasis añadido). Yo estaba poniendo en práctica cada método de guerra espiritual que había escuchado, estaba muy ocupada reprendiendo y resistiendo, pero no estaba tan ocupada obedeciendo.

Recibimos poder cuando habitamos en la presencia del Señor. Pasar un tiempo de calidad y de manera habitual con Dios es una de las cosas más importantes que podemos aprender a hacer como creyentes. Recibimos poder cuando le obedecemos mediante el Espíritu Santo que nos ayuda.

Le animo a aprender sobre la guerra espiritual pero recuerde siempre que los métodos donde no fluye el poder son conchas huecas.

LA ALABANZA DERROTA AL ENEMIGO

Él creyó en esperanza contra esperanza, para llegar a ser padre de muchas gentes, conforme a lo que se le había dicho: Así será tu descendencia.

Y no se debilitó en la fe al considerar su cuerpo, que estaba ya como muerto (siendo de casi cien años), o la esterilidad de la matriz de Sara.

Tampoco dudó, por incredulidad, de la promesa de Dios, sino que se fortaleció en fe, dando gloria a Dios, plenamente convencido de que era también poderoso para hacer todo lo que había prometido; por lo cual también su fe le fue contada por justicia.

—Romanos 4:18-22

En este pasaje vemos a Abraham esperando que su milagro ocurriera. El diablo lo asaltaba con la duda y la incredulidad. Podemos imaginar el estado mental en que debe haberse visto, con pensamientos que golpeaban su mente y le decían que Dios no iba a cumplir.

Abraham estaba siendo atacado. ¿Cómo libró él la guerra espiritual? ¡Él dio alabanza y gloria a Dios y al hacerlo, recibió poder!

Eso fue lo que hizo Jesús cuando Él también se puso en manos de Dios. Otra manera en la que Jesús libró la guerra fue al permanecer en el descanso de Dios o permanecer en paz independientemente de la situación.

DESCANSAR EN EL SEÑOR

Al atardecer, Jesús dijo a sus discípulos: «Crucemos al otro lado del lago». Así que dejaron a las multitudes y salieron con Jesús en la barca (aunque otras barcas los siguieron). Pronto se desató una tormenta feroz y olas violentas entraban en la barca, la cual empezó a llenarse de agua.

Jesús estaba dormido en la parte posterior de la barca, con la cabeza recostada en una almohada. Los discípulos lo despertaron: «¡Maestro! ¿No te importa que nos ahoguemos?», gritaron.

Cuando Jesús se despertó, reprendió al viento y dijo a las olas: «¡Silencio! ¡Cálmense!». De

repente, el viento se detuvo y hubo una gran calma.

—Marcos 4:35-39, NTV

Es posible que usted recuerde este incidente en el cual Jesús estaba en un bote con los discípulos y les dijo: "Pasemos al otro lado". Él esperaba que ellos tuvieran fe para creer que lo que Él decía sucedería.

Mientras iban de camino se levantó una tormenta, ellos tuvieron mucho miedo y perdieron su paz. Jesús, sin embargo, dormía plácidamente en la popa del barco. Ellos lo despertaron atemorizados y las primeras palabras de Él fueron: "¡Silencio! ¡Cálmense!". Él se estaba dirigiendo al viento y las olas, y aunque la Biblia no lo dice, yo creo firmemente que también estaba hablando a sus discípulos.

Este ejemplo se relaciona con nuestras vidas y las cosas que pasamos. Dios nos da un camino y partimos hacia la meta. Pero en el camino se presentan tormentas que no esperábamos. En tiempos tan estresantes nuestra guerra con el enemigo solo puede tener éxito si aprendemos a permanecer tranquilos. "Guarda silencio" es una frase que a menudo se utiliza en la Palabra cuando el Señor daba instrucciones a su pueblo. Hasta que no aprendamos a "guardar silencio", no vamos a escucharlo a Él muy bien.

Filipenses 1:28 muestra de forma muy clara esta verdad. "**Y en nada intimidados por los que se oponen, que para ellos ciertamente es indicio de perdición, mas para vosotros de salvación; y esto de Dios**".

Si usted lee este versículo con calma y lo asimila, verá que nuestra victoria está en permanecer constantes. El diablo no puede controlar a un creyente tranquilo, estable, valiente cuya confianza está en el Señor. Entrar en el reposo de Dios es, en realidad, entrar a la guerra contra las fuerzas de las tinieblas.

Recuerde que Efesios 6 nos enseña a ponernos la armadura que Dios ha provisto para nosotros como soldados de su ejército. El calzado que Dios nos da se conoce como "el calzado de la paz", los zapatos representan el caminar; por lo tanto, debemos caminar en paz. Al hacerlo tendremos colocada al menos una pieza de la armadura.

ANDAR EN AMOR

Y andad en amor, como también Cristo nos amó, y se entregó a sí mismo por nosotros, ofrenda y sacrificio a Dios en olor fragante.

—Efesios 5:2

Otra verdad poderosa que el Espíritu Santo me enseñó sobre la guerra espiritual está relacionada con andar en amor.

Mateo 24 es un capítulo de la Biblia que nos enseña acerca de las señales de los últimos tiempos que debemos vigilar. Sin dudas usted ha escuchado enseñanzas acerca de estas diversas señales. Debemos estar atentos a cosas como guerras y rumores de guerras, terremotos en muchos lugares, hambrunas, etc.

Pero hay otra señal del fin de los tiempos que se describe en Mateo 24 y de la que nunca escuché ninguna enseñanza. Y a medida que Dios comenzó a darme revelación al respecto, me quedé maravillada de que había estado estudiando la Palabra durante tanto tiempo y no la había visto. Mateo 24:12 dice: **"Y por haberse multiplicado la maldad, el amor de muchos se enfriará"**. Una de las señales de los últimos tiempos es que el amor entre el pueblo de Dios se enfriará.

Satanás sabe que andar en amor da poder a los creyentes. Nuevamente el Espíritu Santo me convenció de que no estaba para nada tan preocupada por andar en amor como por poner en prácticas todos los demás métodos de guerra espiritual que había aprendido. Muy sencillo, eso simplemente significa ¡hazlo!

¿Por qué habría de importarle el amor a Satanás? Gálatas 5:6 nos dice que la fe se actúa o se activa mediante el amor. Mire, podemos aprender sobre la fe y concentrarnos en perfeccionar la fe y aun así seguir sin poder a menos que sepamos que el amor es la fuerza que fluye mediante la fe.

En 1 Corintios 13:2 el apóstol Pablo confirma esta verdad cuando dice: "**Y si tuviese profecía, y entendiese todos los misterios y toda ciencia, y si tuviese toda la fe, de tal manera que trasladase los montes, y no tengo amor, nada soy**".

EL AMOR COMO FRUTO DEL ESPÍRITU

Mas el fruto del Espíritu es amor...

—Gálatas 5:22

Pasé por una etapa en mi vida donde me preocupaban mucho los dones del Espíritu. Los estudiaba, los buscaba, oraba por ellos e intentaba operar en ellos. Debo añadir que nada de eso estaba mal ya que 1 Corintios 12:31 enseña que "procuremos" los dones del Espíritu. La versión inglesa *The Amplified Bible* dice **que deseemos ardientemente y que cultivemos con celo aquello que después se denomina los dones espirituales** (1 Corintios 14:1).

El amor es un fruto del Espíritu. Cuando buscamos desarrollar los dones sin el fruto, estamos desequilibrados y, pudiera añadir que fuera del orden establecido por Dios. Primera a los Corintios 12 comienza la instrucción acerca de los dones del Espíritu, lo que son y cuál es su objetivo. Uno pudiera decir que el capítulo 12 nos despierta el apetito espiritual. Entonces, el capítulo 13 nos enseña sobre el amor. Luego, el capítulo 14, comienza diciendo: **Seguid el amor; y procurad los dones espirituales, pero sobre todo que profeticéis** (v. 1).

Uno se da cuenta de que el amor (o fruto) va primero, y luego los dones. Yo había caído en la trampa en que caen muchos cristianos. Tenía la enseñanza correcta pero en un orden incorrecto. Desesperadamente trataba de vencer al diablo porque me lo encontraba en todas partes del camino. Fervientemente aplicaba los métodos que había aprendido, como el ayuno y la oración, la oración de acuerdo, la oración unida (si dos no lo logran, ¡busque un grupo más grande!), el discernimiento de qué demonio específico venía en mi contra, reprender y resistir a los espíritus malignos, etc.

Lidiaba con principados y poderes locales, y con otras cosas. Y, una vez más quiero decir que todas estas cosas no son malas en sí mismas, pero si simplemente aprendemos métodos y no andamos de la manera en que Jesús anduvo, entonces tenemos métodos sin poder, fórmulas vacías que nos agotan y no producen ningún resultado excepto tal vez un dolor de garganta.

Hace poco supe de una congregación completa que (supuestamente) estaba involucrándose en la guerra espiritual en todos sus servicios. Pasaban todo el tiempo que estaban juntos guerreando contra estos demonios que les causaban problemas, ¡hasta que casi se quedan sin voz de gritarle al diablo! Esto suena bastante irrisible pero me identifico con ellos porque yo he hecho lo mismo. Recuerdo muy bien que le gritaba tanto al diablo en lo que yo pensaba que era guerra espiritual que acababa ronca por hacerlo.

ATAR Y DESATAR

Y a ti te daré las llaves del reino de los cielos; y todo lo que atares en la tierra será atado en los cielos; y todo lo que desatares en la tierra será desatado en los cielos.

—Mateo 16:19

Ninguno puede entrar en la casa de un hombre fuerte y saquear sus bienes, si antes no le ata, y entonces podrá saquear su casa.

—Marcos 3:27

Atar y desatar fue otro principio espiritual que me enseñaron al comienzo de mi caminar con el Señor, y yo siempre estaba atando y desatando: atando lo que no quería y desatando lo que sí quería.

La enseñanza sobre atar y desatar no está errada si se enseña con precisión. Pero cuando yo vi estos pasajes y me enseñaron sobre mi "autoridad como creyente", ¡comencé a atar y desatar todo lo que tenía delante! Me frustraba cada vez más porque, como dije antes, *¡no obtenía resultados!*

Entonces vi Mateo 16:19 en la traducción inglesa *The Amplified Bible* y de inmediato se aclaró mi problema. En este pasaje Jesús está hablando con Pedro quien acaba de identificarlo como **el Cristo, el Hijo del Dios viviente** (v. 16). Jesús le dice que es bienaventurado porque esta verdad se la reveló Dios y no ningún hombre. Entonces, basado en esta declaración de fe, continúa diciéndole a Pedro en el versículo 19: "**Y a ti te daré las llaves del reino de los cielos; y todo lo que atares en la tierra será atado en los cielos; y todo lo que desatares en la tierra será desatado en los cielos**".

Es decir, lo que este versículo indica es que usted y yo tenemos la autoridad como creyentes para traer a la tierra la voluntad del cielo al actuar en asociación con Dios. Él está en el cielo y nosotros en la tierra. Ya que su Espíritu está en nosotros, y ya que tenemos su Palabra, podemos conocer su voluntad. Tenemos autoridad en la tierra para poner en acción la voluntad del cielo. Lo que Dios ate o desate en el cielo, lo que él permita o no, eso y solo eso podemos nosotros permitir o no aquí en la tierra.

Nuevamente tenía el mensaje correcto pero no en un orden correcto. Había aprendido sobre mi autoridad pero no sobre mi sumisión a la voluntad de Dios. Creo que miles de cristianos viven vidas frustradas y confundidas porque tienen mucha enseñanza pero no una comprensión real de cuándo o cómo aplicar ese conocimiento. Tal vez esta ilustración aclare más mi punto.

PROSPERIDAD DIVINA

Amado, yo deseo que tú seas prosperado en todas las cosas, y que tengas salud, así como prospera tu alma.

—3 Juan 2

En el mensaje de la prosperidad me enseñaron que Dios quería que yo tuviera abundancia de todo lo bueno: mucho dinero, aceptación social, buena salud, bienestar mental y crecimiento espiritual. Sí, era verdad, Dios quería prosperarme en todo sentido. Yo lo sabía porque lo leía en la

Biblia y me lo enseñaban los maestros de la Biblia. Pero, ¿comprendía yo completamente lo que estaba viendo y escuchando?

El versículo dice: "**Amado, yo deseo que tú seas prosperado en todas las cosas, y que tengas salud, así como prospera tu alma**". Parece ser que lo único que yo escuchaba, por sobre todo lo demás, era que Dios quería que yo tuviera prosperidad. No estoy segura de si la enseñanza estaba torcida (desequilibrada), o de si yo la había escuchado así. He aprendido que cuando somos carnales (con mentalidad de la carne), escuchamos con un oído carnal. Es decir, cuando yo leía ese pasaje escuchaba que *Dios quiere que prospere más que ninguna otra cosa*. Así que buscaba la prosperidad, y cuando no llegaba, creía que era porque el diablo estaba impidiendo mi bendición. Así que luchaba con él y no avanzaba nada.

Ahora cuando leo 3 Juan 2 entiendo que Dios sí quiere que prospere en todos los sentidos, pero no desea que prospere más en las cosas naturales que en las espirituales. La prosperidad del alma en realidad significa *crecer en Dios y dejar de andar en la carne.*

En este versículo, el Señor está diciendo que quiere que prosperemos en todo sentido, al punto de que crezcamos o prosperemos espiritualmente.

Él se encargará de que prosperemos o progresemos en las cosas naturales. El mandato de Jesús en Mateo 6:33 confirma esta verdad: "**Mas buscad primeramente el reino de Dios y su justicia, y todas estas cosas os serán añadidas**".

La Biblia dice en Deuteronomio 28:2: "**Y vendrán sobre ti todas estas bendiciones, y te alcanzarán, si oyeres la voz de Jehová tu Dios**". Yo estaba buscando bendiciones cuando debía estar buscándolo a Él.

VARIAS FORMAS DE GUERRA ESPIRITUAL

Y las naciones que hubieren sido salvas andarán a la luz...

—Apocalipsis 21:24

Con los años he aprendido que buscar la presencia de Dios, andar en amor y obediencia, darle a Él continua alabanza, sobre todo en los tiempos difíciles, mantenerme tranquila y permanecer en su reposo durante los momentos de ataque y decepción, conocer la Palabra de Dios y declararla con mi boca (esgrimir la espada de dos filos) son todas formas de guerra espiritual.

Poner la fe en la Palabra y en el poder de la Palabra también es parte de la guerra espiritual. En capítulos posteriores veremos cómo el nombre de Jesús y su sangre se relacionan con la guerra espiritual. Todas estas cosas son *el poder que debe fluir en cualquier método que el Espíritu Santo me lleve a utilizar.*

He ayunado y he visto tremendos resultados en mi vida. Sin dudas creo en el poder del acuerdo, y con regularidad hago la oración del acuerdo. Creo en la unión de varias personas para orar de común acuerdo, o la oración unida. Creo en resistir al diablo y reprenderlo. Ha habido momentos en mi vida cuando el Espíritu Santo se ha levantado en mí y me ha dado una ira justa y he peleado contra espíritus demoníacos exitosamente.

Antes de cerrar este capítulo quiero hacer énfasis una vez más en que estoy aprendiendo varios métodos de guerra espiritual. Jesús lidió con el diablo de maneras diferentes pero la esencia de lo que estoy tratando de establecer es que debemos tener cuidado de no "poner la carreta delante de los bueyes", por decirlo de alguna manera.

Usted descubrirá, como me pasó a mí, que si hace lo primero, como buscar a Dios y caminar en amor y obediencia, no necesitará estar constantemente en la guerra espiritual. Las tinieblas no pueden vencer a la luz. Camine en la luz y el enemigo no podrá ver dónde usted está. (1 Juan 1:7; 1 Juan 5:18.)

4

ARMAS ESPIRITUALES PARA UNA GUERRA ESPIRITUAL

Porque las armas de nuestra milicia no son carnales, sino poderosas en Dios para la destrucción de fortalezas.

—2 Corintios 10:4

En este pasaje el apóstol Pablo dice que las armas de nuestra guerra no son carnales. Si no son armas carnales o naturales, entonces deben ser armas espirituales.

La Palabra de Dios es un arma espiritual.

En Juan 6:63 Jesús dijo: "**El espíritu es el que da vida; la carne para nada aprovecha; las palabras que yo os he hablado son espíritu y son vida**". De este pasaje podemos aprender que sus palabras operan en el reino espiritual y dan vida.

Proverbios 18:21 dice: "**La muerte y la vida están en poder de la lengua, y el que la ama comerá de sus frutos**". De este pasaje vemos que hay otras palabras que también operan en el reino espiritual y que producen muerte.

¡Las palabras son portadoras de poder! Pueden tener un poder creativo o destructivo. Ya que la

Palabra de Dios está llena de vida y de un poder que da vida, la persona sabia aprenderá y hablará la Palabra de Dios más que ninguna otra palabra.

LA PALABRA ES VIDA Y LUZ

En el principio era el Verbo, y el Verbo era con Dios, y el Verbo era Dios...En él estaba la vida, y la vida era la luz de los hombres. La luz en las tinieblas resplandece, y las tinieblas no prevalecieron contra ella.

—Juan 1:1, 4, 5

La vida vence la muerte y la luz vence las tinieblas. La Palabra de Dios es ambas cosas, vida y luz, por lo tanto, tiene poder para vencer las tinieblas y la muerte que prevalecen en la vida de las personas.

LA LUZ VENCE LAS TINIEBLAS, LA VIDA VENCE LA MUERTE

En el principio creó Dios los cielos y la tierra. Y la tierra estaba desordenada y vacía, y las tinieblas estaban sobre la faz del abismo, y el Espíritu de Dios se movía sobre la faz de las aguas. Y dijo Dios: Sea la luz; y fue la luz. Y vio Dios que la luz era buena; y separó Dios la luz de las tinieblas.

—Génesis 1:1-4

En los primeros versículos de la Biblia vemos en acción un principio espiritual, la luz vence a las tinieblas. La vida vence a la muerte de la misma manera. Derrame luz y las tinieblas tienen que huir. Derrame vida y la muerte tiene que huir.

En Romanos 8:11 leemos: "**Y si el Espíritu de aquel que levantó de los muertos a Jesús mora en vosotros, el que levantó de los muertos a Cristo Jesús vivificará también vuestros cuerpos mortales por su Espíritu que mora en vosotros**".

¡Jesús estaba tan muerto como era posible! Pero cuando el Espíritu de vida vino a Él, cuando la vida de la resurrección vino a Él, la muerte tuvo que irse.

Romanos 8:11 muestra el principio de la vida que vence la muerte. Entonces, recordando que la Palabra de Dios es tanto espíritu como vida, use la sabiduría y comience a hablar vida a su situación.

Algunas personas se pasan el tiempo luchando con el diablo, y mientras lo hacen, también se hablan muerte a sí mismas y a su situación. Hablar del problema todo el tiempo no lleva luz a las tinieblas.

¡Hable la Palabra! ¡Hable la Palabra! ¡Hable la Palabra!

Usted y yo no solo podemos hablar la Palabra de Dios a nuestras propias vidas sino que podemos ser intercesores eficaces al hablar y orar la Palabra de Dios sobre las vidas de otros.

ORAR LA PALABRA

Orar la Palabra también es un arma espiritual que nos ayudará a ganar la guerra espiritual (como vimos antes al hablar de Efesios 6:10-18).

Nuestra guerra no es contra carne ni sangre sino contra los principados, potestades y espíritus malignos. Podemos ganar, pero no con armas espirituales. La oración, por supuesto, es una fuerza espiritual que nos ayuda a vivir en victoria. La oración cierra las puertas del infierno y abre las puertas del cielo.

En Efesios 6:18 vemos que la oración es parte de nuestra armadura espiritual, pero ¿qué tipo de oración? En nuestro caminar con Dios usaremos todo tipo de oraciones. Tal vez usted no esté familiarizado con los diferentes tipos de oración, así que vamos a repasarlos:

La oración de acuerdo: oración en la que dos personas se unen para orar en armonía por un asunto determinado.

La oración unida: oración en la que un grupo de personas se unen para orar de común acuerdo.

La oración de acción de gracias: oración que ofrece gratitud sincera a Dios por su bondad en sentido general o por algo específico que Él ha hecho.

La oración de alabanza y adoración: oración que no pide nada sino que alaba a Dios por lo que ha hecho, lo que está haciendo y lo que hará. Especialmente alaba a Dios por quien es, por sí mismo. Esta oración se mueve a la adoración y expresa amor al Padre, al Hijo y al Espíritu Santo.

La oración de petición: oración que hace una petición específica, le pedimos a Dios algo para nosotros mismos. Este es probablemente la oración más usada.

La oración de intercesión: oración que implica venir ante Dios a favor de alguien y pedirle a Dios que haga algo en beneficio de esa persona.

La oración de entrega: oración que toma un problema o carga y lo entrega al Señor, deja el problema a su cuidado.

La oración de consagración: oración en que se aparta a una persona u objeto para el uso de Dios.

Estas son algunas de las oraciones más utilizadas.

Lo importante acerca de la oración es que, sea del tipo que sea, para que sea eficaz debe estar llena de la Palabra de Dios y ofrecida con la plena seguridad de que Dios cumple su Palabra.

Orar la Palabra de Dios a Dios es muy eficaz. Isaías 62:6 dice: "**Sobre tus muros, oh Jerusalén, he puesto guardas; todo el día y toda la noche no callarán jamás. Los que os acordáis de Jehová, no reposéis**". Esta es una verdad poderosa que debemos conocer y recordar.

Llene sus oraciones de la Palabra de Dios. Al hacerlo usted estará encargando a los ángeles para que ministren a su favor. Según Hebreos 1:14, los ángeles son espíritus ministradores, enviados para servicio a favor de los que serán herederos de la salvación. Salmos 103:20 dice: "**Bendecid a Jehová, vosotros sus ángeles, poderosos en fortaleza, que ejecutáis su palabra, obedeciendo a la voz de su precepto**". Esta escritura nos dice que los ángeles actúan cuando la Palabra de Dios se expresa.

Algunas oraciones no son más que quejas que empiezan con "amado Dios". Si usted quiere la atención de Dios, llene su conversación, sus oraciones y su meditación de su Palabra.

Salmos 138:2 nos muestra la posición exaltada que Dios le da a su Palabra: "**De rodillas, y en**

dirección a tu santo templo, alabaré tu nombre por tu misericordia y fidelidad, por la grandeza de tu nombre y porque tu palabra está por encima de todo" (RVC). Aunque no todas las traducciones hacen énfasis en que la Palabra está por encima del nombre, como lo hace la Reina Valera Contemporánea, para mí no hay pasaje bíblico que muestre con tanto poder la importancia que Dios le da a su Palabra como este. Sabemos que debemos honrar el nombre del Señor y cuán poderoso es su nombre y, no obstante, en este pasaje Él nos dice que Él pone su Palabra ¡incluso por encima de su nombre!

QUE PERMANEZCA EN USTED LA PALABRA

Si permanecéis en mí, y mis palabras permanecen en vosotros, pedid todo lo que queréis, y os será hecho.

—Juan 15:7

Una persona que aprende a permanecer en la Palabra y deja que la Palabra permanezca en ella tendrá poder en la oración. Cuando una persona tiene poder en la oración, tiene poder sobre el enemigo.

Además de estas palabras dichas en Juan 15:7, Jesús también dijo: "**...Si vosotros permaneciereis en mi palabra, seréis verdaderamente mis**

discípulos; y conoceréis la verdad, y la verdad os hará libres" (Juan 8:31-32).Si usted permanece en su Palabra y permite que la palabra permanezca en usted, tendrá poder en la oración.

Permanecer significa "quedarse, seguir en o morar en". La versión inglesa *The Amplified Bible* extrajo estas definiciones del original griego (entre corchetes) al hacer su traducción de Juan 8:31-32 donde Jesús dijo: "**...Si vosotros permaneciereis en mi palabra** [se aferran a mis enseñanzas y viven de acuerdo a ellas], **seréis verdaderamente mis discípulos, y conoceréis la verdad, y la verdad os hará libres".**

Las personas que hacen de la Palabra de Dios una parte pequeña de sus vidas solo conocerán una verdad parcial y solo experimentarán una libertad limitada; pero aquellos que *permanecen* en ella conocerán toda la verdad y experimentarán completa libertad.

Analice 1 Juan 2:14 y verá claramente que permanecer en la Palabra de Dios produce victoria sobre el maligno: Os he escrito a vosotros, padres, porque habéis conocido al que es desde el principio. Os he escrito a vosotros, jóvenes, porque sois fuertes, y la palabra de Dios permanece en vosotros, y habéis vencido al maligno.

Estos hombres alcanzaron victoria sobre el maligno porque permanecieron en la Palabra de Dios.

Puedo testificar que la Palabra de Dios me ha dado la victoria sobre el diablo. Mi vida era un desastre porque yo ignoraba la Palabra de Dios. Hacía muchos años que era cristiana, asistía a la iglesia, diezmaba, amaba a Dios y era activa en la obra de la iglesia, pero no tenía ninguna victoria porque no conocía la Palabra.

Muchos creyentes van a la iglesia cada semana para escuchar a otra persona que les predique la Palabra, pero nunca aprenden la Palabra por sí mismos. Si usted quiere vivir en victoria, tiene que hacer su propio estudio de la Palabra, buscar usted mismo el oro que está escondido en las páginas de la Biblia.

Hablo de algo que va mucho más allá de leer un capítulo al día. Eso es bueno y pudiera ser un punto de partida, pero si usted realmente quiere la victoria sobre el diablo en estos tiempos finales tiene que darle prioridad a la Palabra de Dios en su vida, y eso significa un lugar de prioridad en sus pensamientos.

Usted permanece en la Palabra al quedarse en ella.

En un sentido práctico esto pudiera significar que se levanta en la mañana y mientras se da una ducha, comienza a confesar o cantar la Palabra. Tal vez de camino al trabajo usted escucha una buena enseñanza o grabación que está llena de la Palabra. De hecho la Biblia está disponible en audio si desea escucharla mientras trabaja en su casa. Algunas personas incluso tienen trabajos en los que pueden escuchar grabaciones o la radio todo el día. Usted debe habituarse a escuchar predicaciones y enseñanzas ungidas. Varias veces por semana no es demasiado a menudo, sobre todo si tiene muchos problemas.

Quizá pueda usar su hora de almuerzo para leer la Palabra o caminar afuera y orar (recuerde llenar sus oraciones de la Palabra). Cuando termine el día de trabajo, de camino a casa, puede hacer lo que hizo mientras iba para el trabajo: escuchar una grabación. Recuerde, mientras más tiempo deje libre a su mente para que divague o esté ociosa, más el enemigo tratará de llenarla. Manténgala llena de la Palabra y tendrá menos problemas.

No estoy sugiriendo que ignore a su familia ni se vuelva irresponsable en otros aspectos. Cuando esté en el trabajo tiene que darle a su empleador toda una jornada de trabajo para recibir el pago por una jornada completa. Solo escuche grabaciones en su trabajo, si no es un problema para su empleador. Entiendo que ninguna persona puede tener la Palabra en su mente o sus oídos constantemente. Permanecer no quiere decir incesantemente, yo lo defino como sin descanso, de una manera regular, habitual.

A medida que lee este libro usted pudiera preguntarse por qué no tiene victoria en su vida. Hace muchos años que es cristiano y sin embargo parece que siempre está *bajo* algo. ¿Puede usted decir con honestidad que ha pasado esos años de cristiano permaneciendo en la Palabra de Dios? Si la respuesta es no, entonces espero y oro para que este libro abra sus ojos y que Dios lo use para llevarlo a actuar, bien armado y decidido a ganar la guerra.

SEGUNDA PARTE
EL NOMBRE

5

SU NOMBRE GLORIOSO

Para que en el nombre de Jesús se doble toda rodilla de los que están en los cielos, y en la tierra, y debajo de la tierra.

—Filipenses 2:10

Usar el nombre de Jesús y tener una revelación acerca del poder de ese nombre son dos cosas diferentes. Incluso una enseñanza acerca del poder en el nombre de Jesús no es suficiente. *¡Debe haber una revelación acerca del poder que hay en el nombre de Jesús!*

Nadie puede traer revelación a sí mismo, tiene que venir del Espíritu Santo, quien es el revelador de toda verdad. Así que comience esta sección del libro orando por revelación con relación al nombre de Jesús y el poder que encierra para cada creyente.

Durante muchos años yo usé el nombre de Jesús sin los resultados que me habían dicho que podía tener. Soy del tipo de persona que buscará más después de un tiempo si las cosas no funcionan de la manera en que entiendo que se supone que funcionen. Así que comencé a preguntarle a Dios por qué yo estaba usando el nombre que se suponía que tuviera poder sobre circunstancias que estaban fuera de su voluntad y, no obstante, no veía resultados. Lo que Él me enseñó ha sido progresivo y estoy segura de que todavía hay más, pero estoy lista para compartir con usted lo que Él me ha revelado hasta ahora.

Liberar poder en el nombre de Jesús requiere fe en ese nombre, así que analicemos varios pasajes de la Escritura que hablan de su nombre, ese nombre tan poderoso que cuando se menciona con fe, toda rodilla debe doblarse en los tres reinos: ¡en el cielo, en la tierra y debajo de ella!

EL NOMBRE MÁS ALTO, EL NOMBRE MÁS PODEROSO

Y cuál la supereminente grandeza de su poder para con nosotros los que creemos, según la operación del poder de su fuerza, la cual operó en Cristo, resucitándole de los muertos y sentándole a su diestra en los lugares celestiales, sobre todo principado y autoridad y poder y señorío, y sobre todo nombre que se nombra, no sólo en este siglo, sino también en el venidero; y sometió todas las cosas bajo sus pies, y lo dio por cabeza sobre todas las cosas a la iglesia, la cual es su cuerpo, la plenitud de Aquel que todo lo llena en todo.

—Efesios 1:19-23

Piense en algo: Jesús vino del cielo más alto, estuvo en la tierra y descendió al Hades, o debajo de la tierra, y ahora está sentado a la diestra del Padre nuevamente en el cielo más alto. Uno podría decir que completó el ciclo, por lo tanto ha llenado todo, en todas partes, de sí mismo. Está sentado por encima de todo lo demás y tiene un nombre que está por encima de todo otro nombre. Su nombre es el nombre más alto, el más poderoso, ¡y su nombre nos ha sido dado a nosotros!

¡HAY PODER EN EL NOMBRE!

Pedro y Juan subían juntos al templo a la hora novena, la de la oración. Y era traído un hombre cojo de nacimiento, a quien ponían cada día a la puerta del templo que se llama la Hermosa, para que pidiese limosna de los que entraban en el templo.

Este, cuando vio a Pedro y a Juan que iban a entrar en el templo, les rogaba que le diesen limosna. Pedro, con Juan, fijando en él los ojos, le dijo: Míranos. Entonces él les estuvo atento, esperando recibir de ellos algo. Mas Pedro dijo: No tengo plata ni oro, pero lo que tengo te doy; en el nombre de Jesucristo de Nazaret, levántate y anda.

—Hechos 3:1-6

Pedro y Juan caminaban y vieron que traían a un paralítico. Se dieron cuenta de que era un hombre pobre que se sentaba junto a la puerta del templo y pedía limosnas cada día. Cuando él vio a Pedro y a Juan les pidió un regalo y esta fue la respuesta de ellos: "en el nombre de Jesucristo de Nazaret, levántate y anda".

El versículo 7 nos dice que el hombre se puso en pie de un salto y comenzó a dar brincos, completamente sano. Estos primeros discípulos sin dudas habían tenido una revelación con respecto al poder en el nombre de Jesús, y usaron ese poder.

EL NOMBRE TRAE SALVACIÓN Y SANIDAD

Y en ningún otro hay salvación; porque no hay otro nombre bajo el cielo, dado a los hombres, en que podamos ser salvos.

—Hechos 4:12

Y estas señales seguirán a los que creen: En mi nombre echarán fuera demonios; hablarán nuevas lenguas; tomarán en las manos serpientes, y si bebieren cosa mortífera, no les hará daño; sobre los enfermos pondrán sus manos, y sanarán.

—Marcos 16:17, 18

La Palabra de Dios revela que la salvación es en el nombre de Jesús. Nos bautizamos en ese nombre, tanto en el agua como en el Espíritu Santo. Oramos y esperamos que nuestras oraciones sean escuchadas y respondidas en ese nombre. En ese nombre maravilloso los enfermos son sanados y los demonios expulsados.

Lea el libro de Hechos y rápidamente verá como los primeros discípulos usaban el nombre de Jesús. Satanás les atacaba de manera feroz.

Yo creo que el diablo siempre ataca con más fuerza al comienzo de algo y cuando está a punto de terminarse. Él no quiere que comencemos nada de valor; si nos las arreglamos para comenzarlo, él no quiere que lo terminemos. Se opuso encarnizadamente al nacimiento de la Iglesia, y ahora que estamos cerca del fin de la era de la Iglesia y de la segunda venida de Cristo, otra vez Satanás ataca con un fervor nunca antes visto. Él sabe bien que su tiempo esta acabándose, su arrendamiento en esta tierra esta pronto a terminar.

Sin dudas estamos en los últimos tiempos y tenemos que saber cómo ganar ante los embates del diablo. Creo que es posible, pero solo mediante *la Palabra, el nombre y la sangre*, y una revelación personal con relación al poder que Dios ha puesto en cada uno.

Necesitamos un derramamiento fresco del Espíritu Santo y el Espíritu obra mediante la Palabra, el nombre y la sangre. Cada vez que son exaltados, el Espíritu está presente.

SU NOMBRE OCUPA SU LUGAR

La mujer cuando da a luz, tiene dolor, porque ha llegado su hora; pero después que ha dado a luz un niño, ya no se acuerda de la angustia, por el gozo de que haya nacido un hombre en el mundo.

También vosotros ahora tenéis tristeza; pero os volveré a ver, y se gozará vuestro corazón, y nadie os quitará vuestro gozo.

En aquel día no me preguntaréis nada. De cierto, de cierto os digo, que todo cuanto pidiereis al Padre en mi nombre, os lo dará.

Hasta ahora nada habéis pedido en mi nombre; pedid, y recibiréis, para que vuestro gozo sea cumplido.

—Juan 16:21-24

Qué maravilloso debe haber sido caminar físicamente con Jesús, pensamos a menudo. Haber sido uno de esos doce discípulos que pasaron día tras día con Él durante tres años. Sí, debe haber sido una experiencia maravillosa, pero Él mismo dijo que sus seguidores estarían mucho mejor cuando Él se fuera porque entonces enviaría su Espíritu a morar en cada creyente y estar en estrecha comunión con ellos. (Juan 16:7.)

En ese mismo capítulo Él les dice que aunque se entristecieran al escuchar la noticia de su próxima partida, llegaría el momento cuando se alegrarían otra vez así como pasa con una mujer durante el trabajo de parto, pero que se alegra cuando su bebé nace.

Ellos estaban tristes porque físicamente Él iba a dejarlos, pero Él les estaba diciendo que cambiarían de opinión cuando vieran la gloria de tener su Espíritu en ellos y el poder a disposición de cada uno de ellos mediante el privilegio de usar su nombre en oración. Literalmente le estaba dando a cada uno, y lo ha dado a todos los que creen en Él, un "poder notarial", el derecho legal a usar su nombre.

Permítame darle un ejemplo práctico para ayudarle a comprender este principio. Mi esposo Dave y yo viajamos mucho, y en muchas ocasiones tuvimos que dejar a nuestro hijo menor en casa. Él viajaba con nosotros cuando se podía, pero no siempre podía ir. Queríamos que aquellos que lo cuidaban durante nuestra ausencia pudieran obtener atención médica para él en caso de que fuera necesario. Descubrimos que necesitarían un documento legal que dijera que ellos tenían el derecho para usar nuestro nombre a favor de nuestro hijo, es decir, tomar decisiones en lugar nuestro. Les dimos a quienes lo cuidaban un "poder notarial". No podíamos estar allí en persona pero queríamos asegurarnos de que cualquier cosa que fuera necesario hacer en nuestra ausencia podría hacerse.

Jesús hizo lo mismo por sus discípulos y, a la postre, por todos los que creerían en Él. Él dijo: "Me tengo que ir, pero les daré mi nombre. Pueden usarlo en oración, y mi Padre, su Padre, les concederá lo que sea que pidan en mi nombre".

Esta es la autoridad que se nos ha concedido a usted y a mí en su nombre. ¡Qué enorme privilegio!

La versión inglesa *The Amplified Bible* destaca el hecho de que pedir en el nombre de Jesús realmente significa presentar todo lo que Él es al Padre. Esto es muy importante porque nos enseña que cuando oramos en el nombre de Jesús estamos presentando todo lo que Él es y todo lo que Él ha logrado, *no* lo que somos ni lo que hemos logrado nosotros. Este es uno de los grandes beneficios de orar en su nombre y no en el nuestro o en el de otra persona.

Jesús ya ha sido perfecto para nosotros, ya agradó al Padre por nosotros; por lo tanto, no tenemos que sentir la presión de tener un historial perfecto de buena conducta antes de que podamos orar.

Sí, ¡orar en el nombre de Jesús nos quita la presión! Su nombre ocupa su lugar, su nombre le representa. Cuando oramos en su nombre es igual que si Él estuviera orando, ¡como si Él estuviera pidiendo!

Incluso para comenzar a asimilar esta verdad maravillosa, tenemos que meditar en ella una y otra vez, y otra vez más. ¡Es un privilegio que parece demasiado bueno para ser verdad! ¿Nos atreveremos a creer algo así? Podemos creerlo porque tenemos la Escritura que lo apoya y debemos creerlo para que su obra pueda continuar aquí en la tierra. A menos que oremos en fe usando el nombre de Jesús, nada se logrará para fomentar el reino de Dios en este mundo.

Hay poder en el nombre de Jesús y el enemigo lo sabe. Es triste decirlo, pero a veces el enemigo lo sabe mejor que los creyentes, de ahí que sea imperativo en esta hora final de la historia que tengamos una revelación del nombre de Jesús. Dios escucha las oraciones que se hacen en el nombre de Jesús. Él responde esas oraciones. El infierno también presta atención cuando oramos o hablamos de ese nombre.

Si usted conoce a una persona, y alguien menciona su nombre, de inmediato a su mente viene una imagen de dicho individuo. La mención de su nombre provoca en usted un recuerdo de esa persona. Mencionar el nombre de la persona ocupa su lugar. Puede que no esté con usted físicamente, pero su nombre le hace recordar todo lo que usted conoce sobre la persona. Los nombres representan a las persona, representan el carácter.

Hagamos un pequeño proyecto juntos, solo para probar lo que estoy diciendo. Tome los nombres de varias personas a quienes conoce bien. Mencione uno de los nombres y espere unos segundos. Mientras espera verá que vienen al recuerdo cosas de la persona cuyo nombre usted dijo porque su nombre representa para usted a la persona misma. El nombre deja una imagen de la persona. Pruebe varias veces con nombres diferentes y le ayudará a comprender lo que sucede en el reino espiritual cuando pronunciamos el nombre de Jesús. ¡Su nombre le representa!

El diablo no quiere que usted y yo usemos adecuadamente el nombre de Jesús. Digo adecuadamente porque verá más adelante en este libro que muchos usan su nombre inapropiadamente.

En Hechos 3 vemos que Pedro y Juan usaron el nombre de Jesús adecuadamente y mediante la fe en ese nombre y en el poder de ese nombre un hombre paralítico fue completamente sanado. En Hechos 4 leemos que los sacerdotes, el jefe de la guardia del templo y los saduceos vinieron a Pedro y a Juan y los arrestaron por lo que estaban haciendo en el nombre. La gente se estaba convirtiendo al cristianismo y los líderes religiosos tenían miedo, así que intentaron detener el movimiento que estaba ganando fuerzas mediante la predicación y la enseñanza de Pedro y de Juan.

Veamos las palabras de esos líderes religiosos como aparecen en Hechos 4:16-18: "**...¿Qué haremos con estos hombres? Porque de cierto, señal manifiesta ha sido hecha por ellos, notoria a todos los que moran en Jerusalén, y no lo podemos negar. Sin embargo, para que no se divulgue más entre el pueblo, amenacémosles para que no hablen de aquí en adelante a hombre alguno en este nombre. Y llamándolos, les intimaron que en ninguna manera hablasen ni enseñasen en el nombre de Jesús**".

Es obvio que estas personas tenían miedo del poder que estaban viendo manifestarse en ese nombre y querían impedir que se propagara, así que les prohibieron a los discípulos que siguieran usándolo. Por supuesto, Pedro y Juan contestaron: "Juzgad si es justo delante de Dios obedecer a vosotros antes que a Dios; porque no podemos dejar de decir lo que hemos visto y oído" (Hechos 4:19-20).

Jesús ya no estaba físicamente pero sus seguidores seguían su ministerio al usar su nombre. Su nombre estaba ocupando su lugar, y sigue haciéndolo hoy y siempre lo hará.

Use el nombre de Jesús, use el poder notarial que Él le ha dado. El nombre de Jesús es una de las mayores armas con las que puede defenderse y atacar al reino de las tinieblas. Su esperanza no está en usted mismo, ¡está en el poder la Palabra, el nombre y la sangre de Jesús!

6

EJERCER AUTORIDAD EN EL NOMBRE

Habiendo reunido a sus doce discípulos, les dio poder y autoridad sobre todos los demonios, y para sanar enfermedades. Y los envió a predicar el reino de Dios, y a sanar a los enfermos.

—Lucas 9:1-2

No solo vemos muchos ejemplos de orar en el nombre de Jesús sino que también necesitamos reconocer que el poder notarial nos da el derecho a *ordenar* en el nombre de Jesús.

Oramos y le pedimos al Padre cosas en el nombre de Jesús, pero damos órdenes al enemigo en ese nombre. Hablamos a las circunstancias, principados y poderes usando la autoridad que se nos ha dado en virtud del poder notarial que el propio Jesús nos ha otorgado.

Pedro y Juan ordenaron al paralítico que caminara. Le dijeron: "Camina en el nombre de Jesús de Nazaret".

Al ejercer nuestro ministerio, cuando echamos fuera demonios, no imponemos las manos a la persona y comenzamos a orar para que Dios lo saque. Le ordenamos que salga en el nombre de Jesús.

Ya hemos orado. Ya hemos ido al Padre en el nombre de Jesús y hemos disfrutado nuestra comunión con Él. Ya hemos hablado con Él y le hemos pedido que nos dé poder sobre los demonios para poder ayudar a las personas cuando se necesite ese tipo de ministerio. Ahora tomamos el poder que Él nos ha dado y lo usamos; ejercemos la autoridad inherente al nombre de su Hijo Jesús.

Lo mismo se aplica a la sanidad de los enfermos. Hay ocasiones para hacer la oración de fe en el nombre de Jesús (Santiago 5:15); hay ocasiones para ungir con aceite (Santiago 5:14); pero también hay ocasiones para sencillamente ordenar o hablar en el nombre de Jesús.

Cuando yo impongo las manos a los enfermos, por lo general digo: "Sé sano en el nombre de Jesús". O ejerzo autoridad sobre la enfermedad en el cuerpo de la persona, en el nombre de Jesús. Creo que es importante que sepamos cuándo orar y cuándo ordenar. De hecho, ya había terminado de escribir este libro pero el Señor seguía llevándome a que regresara y añadiera esta sección, así que debe ser importante.

Cuando Jesús ministraba a las personas o lidiaba con demonios, Él ordenaba sanidad o liberación. En ese momento no se detenía a orar. Ya había orado. Si examinamos el Nuevo Testamento veremos que a menudo Jesús pasaba tiempo orando y meditando. Allí dice: "Subía al monte a orar toda la noche" o algo semejante.

El mismo principio se cumple en nosotros. Si vamos a tener un ministerio eficaz, tenemos que estar en sintonía y en comunión con nuestro Padre celestial.

Pase tiempo cada día con el Señor. Tenga comunión, pida, ore, busque y salga de ese tiempo con Él preparado para hacer la obra que tiene a mano. Luego, al estar completamente preparado, hágalo. Ejerza la autoridad que le ha sido dada en su nombre.

El gerente general de nuestro ministerio, tiene autoridad para usar mi nombre o el de Dave para que las cosas se hagan. Pero esa autoridad fue dada y se mantiene basada en nuestra relación. Nuestros hijos trabajan para el ministerio y algunos ocupan puestos administrativos. Tienen nuestro nombre y el derecho de usarlo. Aunque legalmente llevan nuestro nombre, de nacimiento, el derecho para usarlo y que se hagan las cosas en el ministerio se mantiene mediante una buena relación personal con nosotros.

Los creyentes tienen el derecho legal al nombre de Jesús mediante su nuevo nacimiento, pero la liberación para usarlo con señales se establece en comunión habitual con Dios. Más adelante leerá acerca de este tema, pero por ahora, recuerde: vaya al Padre en el nombre de Jesús, ore y pídale lo que quiera o necesite, en ese nombre maravilloso. Entonces, en aquellas circunstancias en las que usted lo represente, debe actuar a nombre de Él, usando el poder notarial que Él le ha concedido.

NO TOME EL NOMBRE EN VANO

No tomarás el nombre de Jehová tu Dios en vano; porque no dará por inocente Jehová al que tomare su nombre en vano.

—Éxodo 20:7

Una vez escuché a alguien decir: "Lo que pasaba con los discípulos en el libro de Hechos fue una revelación del nombre de Jesús".

Cuando escuché esta declaración algo se iluminó en mí y comencé a orar por una *revelación* de su nombre. Como ya dije antes, necesitamos revelación, no enseñanza. Tal vez hemos escuchado muchas enseñanzas sobre el nombre de Jesús y todavía no tenemos una revelación. El Espíritu Santo revela la Palabra a aquellos que la buscan, así que pida revelación.

Poco después de haber pedido revelación acerca del nombre del Señor, la recibí con respecto a tomar su nombre en vano.

Sabemos que uno de los Diez Mandamientos tiene que ver con no tomar el nombre del Señor en vano. La palabra "vano" significa inútil, que no da fruto, que no tiene provecho, tonto o irreverente.[3] El Espíritu Santo comenzó a mostrarme cuán a menudo las personas toman el nombre del Señor en vano. No solo los no creyentes, sino los creyentes, aquellos que nos hacemos llamar cristianos. Primero Él trató conmigo a nivel personal con respecto a esta práctica y cuando vi lo que yo estaba haciendo, mi corazón se entristeció y me arrepentí por completo. Entonces comencé a notar cuán a menudo otros toman su nombre en vano.

Permítame explicarme.

Yo siempre pensé que tomar el nombre del Señor en vano es unir su nombre a una palabra de maldición. Pero significa mucho más que eso. La traducción inglesa *The Amplified Bible* traduce Éxodo 20:7 así: **No usarás ni repetirás el nombre del Señor tu Dios en vano [es decir, a la ligera o frívolamente, en falsas afirmaciones o profanamente]; porque el Señor no dará por inocente al que tomare su nombre en vano.**

La parte de usar o repetir el nombre de Dios "a la ligera o frívolamente" realmente me hizo sentir culpable. Yo tenía ciertos malos hábitos que me hacían incumplir con este tercer mandamiento, pero estaba engañada y ni siquiera me daba cuenta de que lo hacía. Tenía el hábito de decir cosas como "ay, Dios mío" cuando veía algo chocante o cuando escuchaba una noticia sorprendente, incluso cuando algo se me caía o alguno de los niños rompía algo. Puede que los cristianos hayan comenzado a usar su nombre así inocentemente, pensando que estaban reconociéndole o clamando a Él en una determinada situación. La oración completa sería: "...muévete con poder en esta situación", o "...ayúdame a ser más cuidadosa", o "...ayúdame a estar calmada". Pero ahora simplemente usamos su nombre a la ligera como algo que decimos. El Señor me reveló que su nombre es más que solo una frase.

Hay poder en el nombre del Señor y su nombre debe ser temido de manera reverente. En Malaquías 1:14 leemos: "...**Porque yo soy Gran Rey, dice Jehová de los ejércitos, y mi nombre es temible entre las naciones**". Es decir, usted y yo necesitamos tener tal reverencia por el Señor y todos sus nombres que nos asuste usar cualquier de esos nombres santos sin un propósito.

De hecho, la iglesia necesita más reverencia por las cosas de Dios, punto. En la iglesia se ha perdido mucho en este aspecto y yo creo que es vital que regresemos a un temor y asombro reverente de Dios, su nombre y su obra.

El Espíritu Santo me dijo que en ocasiones operamos con cero poder debido a una mezcla de positivos y negativos. Si usted y yo queremos ver el poder de Dios liberarse cuando pronunciemos el nombre de Jesús, entonces no podemos usar su nombre de manera frívola o ligera en otras ocasiones.

Escucho a cristianos decir cosas como "Ay, Dios" "Dios mío" y "Santo Dios" y no cuando oran sino simplemente como una expresión. Yo era culpable de esto. Podía estar cansada, me estiraba y decía: "Ay, Dios, ¡estoy muerta!". Nunca antes le había dado importancia, pero ahora sé que es pecado que yo use su nombre de manera tan ligera.

Un día estaba bromeando con mi hijo mayor quien había llegado a nuestra casa para hablar conmigo de negocios justo cuando nos disponíamos a cenar. Hablé con él un poco y luego, con cariño y en broma (pero también en serio) estaba tratando de que se fuera para que los demás pudiéramos cenar. Yo no quería seguir hablando de negocios y él sí, así que al final bromeando le mostré la puerta y le dije: "¡Fuera, en el nombre de Jesús!". De inmediato sentí una convicción desgarradora en mi corazón. El Espíritu Santo me había estado revelando lo que estoy contándole aquí, y sin dudas ese día entendí lo que me quería decir.

Según la Biblia hemos recibido autoridad para echar fuera demonios en el nombre de Jesús. Hay muchas ocasiones en las que ministro a personas con la esperanza de que salgan demonios si hubiera alguno que está oprimiendo a la persona a quien estoy ministrando. ¿Pero cómo puedo esperar ver manifestarse en ese nombre si unas veces lo uso en serio y otras de manera frívola?

Recuerde, mezclar positivos y negativos le dejará sin poder alguno. Agradezco mucho la revelación que el Espíritu Santo me dio sobre este asunto y espero que le ayude a usted como me ha ayudado a mí.

Un día estaba hablando de esta revelación con mi empleada doméstica mientras ella planchaba. Era algo nuevo para mí y estaba ansiosa de compartirlo con alguien y ver cómo le impactaba. Hablé con ella brevemente y ella empezó a llorar, yo podía ver cómo la convicción de parte de Dios vino sobre ella. Lo mismo sucedió con otras dos señoras que trabajan en nuestra oficina. Creo que esta verdad es muy importante y le animo a que examine su propia vida y su conversación y le pida al Espíritu Santo que le señale cualquier momento en que usted use el nombre del Señor en vano.

En Isaías 52:4-6 leemos: "**Porque así dijo Jehová el Señor: Mi pueblo descendió a Egipto en tiempo pasado, para morar allá, y el asirio lo cautivó sin razón. Y ahora ¿qué hago aquí, dice Jehová, ya que mi pueblo es llevado injustamente? Y los que en él se enseñorean, lo hacen aullar, dice Jehová, y continuamente es blasfemado mi nombre todo el día. Por tanto, mi pueblo sabrá mi nombre por esta causa en aquel día; porque yo mismo que hablo, he aquí estaré presente**".

Los paganos blasfeman su nombre todo el día, dice el Señor, pero su propio pueblo conocerá su nombre y lo que este significa. Tal vez los paganos no respeten ni den reverencia a su nombre, ¡pero que nunca se diga de aquellos que nos llamamos cristianos que tomamos su nombre en vano!

Hace poco estaba sentada con una amiga cristiana, una señora encantadora que ama a Jesús y basa su vida en sus principios. Durante nuestra conversación ella usó el nombre del Señor en vano (a la ligera o frívolamente) cinco veces, en una hora. Solo me di cuenta por lo que Dios me había mostrado a nivel personal.

No creo que tenemos idea de cuán serio es este problema, y le animo a tomarlo en serio. No busque la condenación, pero si se siente condenado, arrepiéntase y pida la ayuda del Espíritu Santo en el futuro.

INVOCAR EL NOMBRE DURANTE MOMENTOS DE CRISIS

Y todo aquel que invocare el nombre del Señor, será salvo.

—Hechos 2:21

Un amigo a quien le di clases en la universidad y ahora es pastor de una iglesia, manejaba por una intersección un día y en el carro estaba su hijo de tres o cuatro años. No se dio cuenta de que la puerta del lado del pasajero no estaba bien cerrada e hizo un giro muy brusco. Esto fue antes de que se aprobara la ley de los cinturones de seguridad, y el niño no lo tenía puesto. La puerta del carro se abrió, el niño se salió y cayó en medio del tráfico que venía ¡en cuatro direcciones! Lo último que mi amigo vio fueron las ruedas de un auto a punto de pasar por encima de su hijo, a gran velocidad. Lo único que pudo hacer fue clamar: "¡Jesús!".

Cuando por fin pudo detener su auto, saltó y corrió a su hijo quien estaba perfectamente bien. Pero el hombre que manejaba el auto que casi golpea al niño estaba completamente histérico. Mi amigo se le acercó y comenzó a tratar de consolarlo.

—¡Oiga, no se ponga mal! —le dijo—. Mi hijo está bien, está bien. No se preocupe. ¡Solo dele gracias a Dios porque pudo parar!

—¡Usted no entiende!—respondió el hombre—. ¡Yo nunca pisé los frenos!

Esto fue una situación de crisis. No había tiempo para que nadie hiciera nada, no había tiempo de pensar, planificar ni razonar. Aunque no había nada que el hombre pudiera hacer, el nombre de Jesús prevaleció. Se presentó un poder que obra milagros y la vida del niño se salvó.

Creo que necesitamos más confianza en el nombre de Jesús y menos confianza en nosotros mismos o en cualquier persona que pueda resolver nuestros problemas. Hay poder en el nombre de Jesús. Ese nombre maravilloso y glorioso que está por encima de cualquier otro nombre. Tiene más poder que cualquier otro nombre. El nombre de Jesús está por encima del nombre de la enfermedad, la depresión y las carencias. Está por encima del odio, las luchas y la falta de perdón.

Como hemos visto, Efesios 6:12 nos dice que "**...no tenemos lucha contra sangre y carne, sino contra principados, contra potestades, contra los gobernadores de las tinieblas de este siglo, contra**

huestes espirituales de maldad en las regiones celestes".

Use el nombre de Jesús contra los espíritus que están detrás de las luchas, el odio y la falta de perdón. En lugar de ponerse en contra de las personas que están causándole dolor y problemas, póngase en contra de los espíritus que están obrando mediante las personas. Recuerde, las armas de nuestra guerra no son carnales. No son armas naturales sino espirituales: ¡la Palabra, el nombre y la sangre de Jesús!

Cuando David se enfrentó a Goliat le dijo:

...Tú vienes a mí con espada y lanza y jabalina; mas yo vengo a ti en el nombre de Jehová de los ejércitos, el Dios de los escuadrones de Israel, a quien tú has provocado. Jehová te entregará hoy en mi mano, y yo te venceré, y te cortaré la cabeza, y daré hoy los cuerpos de los filisteos a las aves del cielo y a las bestias de la tierra; y toda la tierra sabrá que hay Dios en Israel.

—1 Samuel 17:45-46

Israel estaba en crisis y aunque David declaró lo que le haría al enemigo, él dijo "de entrada" que todo sería hecho en el nombre de Jehová de los ejércitos.

En tiempos de crisis o emergencia, invoque el nombre de Jesús. Ha habido momentos en mi vida en los que he sufrido tanto física o emocionalmente que lo único que logré decir fue "¡Jesús!" No parece una oración muy elocuente pero su nombre fue suficiente en esos momentos.

De vez en cuando el Espíritu Santo me lleva a leer un libro sobre el nombre de Jesús. Eso refresca mi memoria con relación a todo lo que ese nombre significa para mí. Mi fe se fortalece en el nombre de Jesús mientras estudio ese aspecto. Yo oro para que este libro haga eso con usted. Tal vez lo que estoy compartiendo es una revelación nueva para usted o pudieran ser cosas que ya sabía pero que necesitaba recordar.

Creo que es importante desarrollar la fe en el nombre de Jesús. Mientras más fe tengo en una persona, más me apoyo en ella, sobre todo en tiempo de necesidad. Si tengo un empleado que siempre está dispuesto a caminar la milla extra para ayudarnos en un momento de necesidad, me veré inclinada a apoyarme en esa persona cuando lleguen esos momentos.

Lo mismo sucede con Jesús, mientras más usted y yo veamos cuán fiel es Él en momentos de necesidad y crisis, mientras más seamos testigos del poder de su nombre en situaciones y circunstancias, más se desarrollará nuestra fe en su nombre.

Victoria no es tener a nuestra disposición el nombre del Señor, ni siquiera usarlo, victoria es tener fe en el nombre de Jesús y usarlo de manera adecuada. En Hechos 3, después de que Pedro y Juan usaron el nombre de Jesús y el paralítico se sanó, las personas comenzaron a reunirse a su alrededor y contemplaban asombradas.

En el versículo 12 Pedro dijo a la asombrada multitud: "**Varones israelitas, ¿por qué os maravilláis de esto? ¿O por qué ponéis los ojos en nosotros, como si por nuestro poder o piedad hubiésemos hecho andar a éste?**". Pedro dijo sabiamente: "este milagro no se hizo por nuestro poder o nuestra piedad". En esencia estaban diciendo: "Nosotros no somos nada, solo seres humanos. Este milagro no lo hicimos nosotros, el Dios de Abraham, de Isaac y de Jacob, ha glorificado a su Hijo Jesús". (v. 13.)

Entonces añade en el versículo 16: "**Y por la fe en su nombre, a éste, que vosotros veis y conocéis, le ha confirmado su nombre; y la fe que es por él ha dado a éste, esta completa sanidad en presencia de todos vosotros**".

¡Hay sanidad en su nombre! ¡Hay liberación en su nombre! ¡Hay salvación en su nombre!

7

PARA USAR EL NOMBRE LEGALMENTE ¡USTED TIENE QUE ESTAR "CASADO"!

Y estando en la condición de hombre, se humilló a sí mismo, haciéndose obediente hasta la muerte, y muerte de cruz.

Por lo cual Dios también le exaltó hasta lo sumo, y le dio un nombre que es sobre todo nombre, para que en el nombre de Jesús se doble toda rodilla de los que están en los cielos, y en la tierra, y debajo de la tierra.

—Filipenses 2:8-10

Me gustaría hablar acerca del nombre de Jesús y la oración, pero primero quiero contarle algo que el Señor me dijo hace varios años.

En aquel momento yo me preguntaba por qué el nombre de Jesús no parecía estar produciendo para mí los resultados poderosos que yo veía en el libro de Hechos. Yo oraba en el nombre de Jesús, tomaba autoridad sobre el enemigo en el nombre de Jesús, pero los resultados simplemente no eran similares a los que yo leía.

Estaba estudiando acerca del nombre en el libro de Filipenses cuando me encontré estos versículos que me revelaron una verdad importante. Primero, Jesús fue en extremo obediente y luego, o por consiguiente, se le dio el nombre que es sobre todo nombre, el nombre que todavía hoy encierra un poder tan grande que, cuando se menciona, toda rodilla se inclina en el cielo, en la tierra y debajo de la tierra.

El Señor me dio este ejemplo. Me dijo: "Joyce, cuando te casaste con Dave, recibiste su nombre y todo el poder que encierra el nombre Meyer". Me recordó que puedo usar el nombre de Dave Meyer y obtener los mismos resultados que el propio Dave podría obtener si estuviera conmigo. Incluso puedo ir al banco y sacar el dinero de Dave Meyer porque cuando dos personas se casan se vuelve una y todas las propiedades de una pertenecen a la otra.

En el matrimonio lo que pertenece a un cónyuge también pertenece al otro. Si Dave tiene un problema yo tengo un problema. Somos uno. En cuanto nos casamos yo recibí el poder notarial para usar su nombre. No tenía ese poder cuando planeábamos casarnos, solo después de casarnos.

Mediante este ejemplo de la vida cotidiana el Espíritu Santo intentaba enseñarme que aunque yo tenía una relación con el Señor, era más bien un noviazgo que un matrimonio. Me gustaba "salir" con Él, por decirlo de alguna manera, pero cuando "la cita" se terminaba, yo quería seguir mi propio camino. Todavía no estaba lista para vivir con Él. Había muchos aspectos en mi vida que yo le estaba rehusando, aspectos a los que Él quería acceso pero que yo estaba reteniendo. Todo lo mío no le pertenecía. Yo quería todo de Él, su favor y sus beneficios, pero no quería darle todo de mí. Estaba reservando mucho de Joyce para Joyce.

Aunque estaba creciendo en obediencia a Él, el Señor usó este pasaje de Filipenses para mostrarme que yo todavía no había tomado la decisión de ser sumamente obediente como decía la Escritura que Jesús había sido, y por tanto, recibió el nombre que es sobre todo nombre.

¿Está usted casado con Jesús o solo está "saliendo" con Él? ¿Son citas informales o es un noviazgo serio? Recuerde, usted no puede usar legalmente el nombre hasta después del matrimonio con Jesús.

Jesús es el novio y nosotros somos su novia. Así lo ha planificado Dios el Padre, y esa es la única manera en que su plan funcionará adecuadamente.

EL NOMBRE Y EL MATRIMONIO VAN JUNTOS

Por amor de Sion no callaré, y por amor de Jerusalén no descansaré, hasta que salga como resplandor su justicia, y su salvación se encienda como una antorcha.

Entonces verán las gentes tu justicia, y todos los reyes tu gloria; y te será puesto un nombre nuevo, que la boca de Jehová nombrará.

Y serás corona de gloria en la mano de Jehová, y diadema de reino en la mano del Dios tuyo.

Nunca más te llamarán Desamparada, ni tu tierra se dirá más Desolada; sino que serás llamada Hefzi-bá, y tu tierra, Beula; porque el amor de Jehová estará en ti, y tu tierra será desposada.

Pues como el joven se desposa con la virgen, se desposarán contigo tus hijos; y como el gozo del esposo con la esposa, así se gozará contigo el Dios tuyo.

—Isaías 62:1-5

Aunque estos pasajes no son una palabra directa a creyentes en particular, creo que el principio está claro y puede ministrar una verdad y consolarnos como personas: el nombre y el matrimonio van juntos.

El Señor desea llamarnos desposada, e incluso, así como el esposo se goza con la esposa, el Señor desea regocijarse y deleitarse con usted y conmigo. Al vivir en suma obediencia y como aquellos que están casados, veremos un aumento en el poder de Dios que se libera cuando usamos el nombre de su Hijo Jesús.

ORAR EN EL NOMBRE DE JESÚS

Si algo pidiereis en mi nombre, yo lo haré.

—Juan 14:14

El nombre de Jesús no es una "palabra mágica" ni un encantamiento ritual que debe añadirse al final de una oración para asegurar que sea eficaz. Para que nuestras oraciones sean realmente eficaces debemos conocer el significado real de orar en el nombre de Jesús.

Primero debemos reconocer que toda oración guiada por el Espíritu implica orar la voluntad de Dios, no la del hombre. Es imposible orar la voluntad de Dios sin conocer la Palabra de Dios.

Muchas personas se confunden y son engañadas al sacar la Escritura del contexto o al escoger un versículo que les gusta y no verlo a la luz de otros pasajes que lo complementan.

Por ejemplo, Juan 14:14, donde Jesús dice: "Si algo pidiereis en mi nombre, yo lo haré". ¡Qué gran declaración! Si yo pudiera sacar ese solo versículo de la Biblia y hacerlo funcionar, ¡qué clase de vida tendría! Al menos así pensaba yo cuando era un bebé en Cristo.

Cuando era una creyente inmadura, tenía muchos deseos egoístas que esperaba que Dios me concediera. Me interesaba mucho aprender cualquier cosa que pudiera ayudarme a obtener lo que quería. Por lo tanto, cuando comencé a ver pasajes como Juan 14:14, los veía como quería verlo y por tanto, perdía el equilibrio.

Desde entonces he descubierto que un creyente carnal escucha con oídos carnales. Independientemente de lo que se enseñe, él lo escucha en basado en el nivel de su madurez. Juan 15:7 es un buen ejemplo: "**Si permanecéis en mí, y mis palabras permanecen en vosotros, pedid todo lo que queréis, y os será hecho**". También recuerdo que este pasaje me emocionaba mucho, pero no me emocionaba tanto la parte de permanecer, solo la parte de poder pedir lo que quisiera y que sucediera. No me daba cuenta de que cuando aprendiera el verdadero significado de permanecer y crecer espiritualmente hasta el punto de permanecer en Jesús, nuestras voluntades entonces estarían unidas (casadas) y yo solo querría lo que Él quisiera. No me imaginaba que entonces yo estaría clamando:

"pero no sea como yo quiero, sino como tú" (Mateo 26:39).

ORAR LA VOLUNTAD DE DIOS

Y esta es la confianza que tenemos en él, que si pedimos alguna cosa conforme a su voluntad, él nos oye.

Y si sabemos que él nos oye en cualquiera cosa que pidamos, sabemos que tenemos las peticiones que le hayamos hecho.

—1 Juan 5:14–15

Hay muchas cosas en la Escritura que nos dicen claramente la voluntad de Dios, y estas las podemos pedir valientemente sin ninguna duda ni preocupación por si están dentro de la voluntad de Dios o no. Y, no obstante, hay muchas otras cosas con las que lidiamos a diario por las que necesitamos orar sin saber la voluntad exacta de Dios en la situación. Es en esos momentos en que debemos orar para que se haga su voluntad y no la nuestra.

A menudo pido algo en oración pero si no tengo una Escritura para apoyar mi petición, le digo al Señor: "Esto es lo que yo creo que quiero, al menos me parece que así sería bueno, pero si estoy equivocada en lo que te estoy pidiendo,

Señor, por favor no me lo des. Lo que quiero es tu voluntad y no la mía".

Debemos considerar 1 Juan 5:14-15 junto con otros pasajes con respecto a la oración. Sí, sin dudas Dios presta atención a las oraciones que se hacen en el nombre de Jesús, pero no a aquellas que estén fuera de su voluntad.

El momento también es un factor relacionado con las respuestas manifiestas a la oración. Podemos orar por algo que es la voluntad de Dios, pero hasta que no sea el momento adecuado para nuestras vidas no veremos la manifestación.

Recuerde "...la fe [*es*] la certeza de lo que se espera, la convicción de lo que *no se ve*" (Hebreos 11:1, énfasis añadido). Si usted tiene la Palabra de Dios para respaldar sus peticiones, permanezca con fe hasta que vea los resultados. Pero recuerdo que la verdadera fe nos lleva a entrar en el descanso de Dios, así que esperar en Él debe ser una experiencia placentera y no frustrante.

Cuando oramos la voluntad de Dios en el nombre de Jesús, en realidad estamos ocupando su lugar aquí en la tierra. Al usar su nombre estamos usando el poder notarial que Él nos ha dado. Al mismo tiempo él ocupa nuestro lugar en la presencia del Padre. Recuerde, cuando oramos en su nombre no estamos presentando al Padre todo lo que somos sino todo lo que Jesús es.

En Mateo 28:18-20 Jesús les dijo a sus discípulos: "Toda autoridad me ha sido dada en el cielo y en la tierra. Vayan y hagan discípulos en todas las naciones, bautizándolos en el nombre del Padre, y del Hijo, y del Espíritu Santo, enseñándolos a guardar todo lo que yo les he ordenado a ustedes; y miren, yo estoy con ustedes siempre" (mi propia paráfrasis).

¿Cómo está Jesús con nosotros siempre? Mediante el poder de su nombre. Cuando invocamos ese nombre, su presencia se hace presente. Cualquier ministro que verdaderamente desee la presencia de Dios en sus servicios debe aprender a exaltar el nombre, cantar canciones sobre el nombre, hablar del nombre, predicar y enseñar sobre el nombre.

Para el Padre es un gozo reconocer el nombre de Jesús. A fin de cuentas, es el nombre que Él le dio a su Hijo quien anduvo en suma obediencia y quien le honró mediante dicha obediencia. Cuando usted y yo pronunciamos el nombre de Jesús con labios llenos de fe, el Padre escucha. Tenemos autoridad en ese nombre. Autoridad sobre los demonios, la enfermedad, la escasez y todo tipo de sufrimiento.

NO SE EGOÍSTA CON EL NOMBRE

Todo esto proviene de Dios, quien nos reconcilió consigo mismo por Cristo, y nos dio el ministerio de la reconciliación.

—2 Corintios 5:18

Exhorto ante todo, a que se hagan rogativas, oraciones, peticiones y acciones de gracias, por todos los hombres.

—1 Timoteo 2:1

Creo que hay algunos que han escuchado mensajes sobre el poder que tienen en el nombre de Jesús y están muy ocupados usando el nombre con la esperanza de conseguir todo lo que siempre han querido. Claro que podemos y debemos usar el nombre a nuestro favor, siempre y cuando lo usemos para cumplir la voluntad de Dios para nuestra vida y no la nuestra. Sin embargo, hay otro aspecto de usar el nombre en oración que no debemos obviar en este libro. Es el aspecto de usar el nombre de Jesús para orar por otros.

Eso es realmente lo que los apóstoles estaban haciendo en el libro de los Hechos. Jesús los había enviado, facultado con su autoridad y su nombre, y ellos se ocupaban en tratar de ayudar a otros con esto. No estaban usando el nombre de Jesús para conseguir una casa más grande ni un ministerio más grande…estaban usando el nombre de Jesús para traer salvación, sanidad, liberación y el bautismo del Espíritu Santo a todos aquellos por quienes Jesús había muerto, que todavía no conocían de Él. Ellos predicaban con denuedo en ese nombre y multitudes se salvaron de la destrucción. No estaban utilizando el nombre para conseguir un armario lleno de ropa nueva, sino vencer a Satanás, porque el diablo estaba tratando de obstaculizar la obra de Dios en la tierra.

Si usted y yo vamos a utilizar el nombre de Jesús para vencer al diablo cuando él trate de impedirnos hacer la obra de Dios, y no solo cuando nos esté impidiendo conseguir alguna bendición que queremos, entonces seremos testigos de mucho más poder en ese nombre cuando oremos.

En otras palabras, no debemos ser egoístas con el nombre de Jesús. Debemos utilizarlo para el beneficio de los demás y no sólo para nuestro propio beneficio.

El mundo en que vivimos hoy se encuentra en una situación desesperada. La mayoría de la gente no sabe lo desesperados que están, pero podemos ver lo que ellos no pueden ver porque conocemos la Palabra de Dios. Veo personas que solo viven para la emoción del momento, y sufro por ellos.

Me mueve a orar para que Dios abra sus ojos y puedan ver su verdadera condición.

Veo a nuestros jóvenes que no se les enseña nada acerca de Dios, y me impulsa a orar en el nombre de Jesús para que Dios levante líderes de jóvenes, valientes, que sean utilizados por Él para dar una palabra a esta generación. Oro para que Él envíe líderes que ellos puedan respetar y que tengan un impacto en sus vidas.

¡Usted y yo no tenemos que mirar los problemas y solo hablar de los problemas! ¡Podemos hacer algo con relación a los problemas! ¡Podemos orar en el nombre de Jesús!

Si usted ve a un joven tambaleándose en la acerca, completamente drogado, no diga solamente: "¡Qué pena, ese joven está malgastando su vida!". ¡Ore! Ore en el nombre de Jesús para que el diablo sea atado en esa vida y que Dios envíe obreros idóneos a esa persona, alguien que pueda compartirle el evangelio, alguien a quien ellos escuchen.

Este tipo de oración no toma mucho tiempo. Usted ve una necesidad, y susurra una oración en el nombre de Jesús. ¡Tanto puede lograrse en la tierra a medida que los creyentes comienzan a usar el nombre de Jesús desinteresadamente!

Recuerde, el infierno tiembla cuando un creyente que conoce su autoridad pronuncia ese nombre con fe. El cielo escucha y el infierno tiembla.

La intercesión por otros es una manifestación del amor. El amor también es una guerra espiritual y el diablo trabaja duro para atrapar a los creyentes en el egoísmo de modo que su andar en amor sea frío y no ardiente.

Nos vemos muy tentados a juzgar a las personas que tienen problemas, pero a mí me ayuda a recordar de dónde salí. Me ayuda a recordar lo que yo era antes de pasar 20 años en la Palabra de Dios y antes de tener el poder del Espíritu Santo obrando en mí día y noche durante dos décadas.

Tome el nombre de Jesús y ame a las personas. Ore por ellas usando ese nombre. Hay dos ministerios que han sido dados a todo creyente: el ministerio de la *reconciliación* y el ministerio de la *intercesión*. Podemos ayudar a traer reconciliación a los perdidos a medida que Dios nos abra las puertas para hacerlo y podeos orar por otros que vemos que sufren o que están viviendo fuera de su pacto.

8

LA OBEDIENCIA Y EL NOMBRE DE JESÚS

De cierto, de cierto os digo: El que en mí cree, las obras que yo hago, él las hará también; y aun mayores hará, porque yo voy al Padre.

Y todo lo que pidiereis al Padre en mi nombre, lo haré, para que el Padre sea glorificado en el Hijo.

Si algo pidiereis en mi nombre, yo lo haré.

—Juan 14:12-14

Mencioné brevemente el lugar que la obediencia ocupa con relación al nombre de Jesús, pero considero que sería útil abundar un poco más en esto. Filipenses 2:8-10 nos dice que Jesús fue obediente hasta lo sumo, y por lo tanto, se le dio un nombre que es sobre todo nombre. Hay tanta autoridad en ese nombre que al mencionarlo toda rodilla tiene que doblarse en el cielo, en la tierra y debajo de la tierra. Pero cuando estudiamos estos versículos no podemos concentrarnos tanto en el poder que estos establecen que nos olvidemos de la obediencia que describen.

En Juan 14:12-14, que aparece arriba, leemos que Jesús nos asegura que cualquier cosa que pidamos en su nombre, Él la hará. Deténgase un momento y considere este pasaje. ¡Qué promesa tan poderosa! Pero ahora prepárese para el versículo 15: "**Si me amáis, guardad mis mandamientos**". El versículo 16 describe el resultado de la obediencia: "**Y yo rogaré al Padre, y os dará otro Consolador, para que esté con vosotros para siempre**".

Considere lo que Jesús está diciendo. Esto es lo que yo creo que Él nos está diciendo en estos pasajes: "Si ustedes siguen creyendo en mí, si permanecen en mí, podrán hacer las obras que me han visto hacer, e incluso mayores, porque mi Espíritu estará en cada uno de usted, obrando en ustedes y a través de ustedes. Les doy poder en mi nombre, úsenlo para ayudar a las personas. Mi Padre les concederá las peticiones que se hagan en mi nombre porque cuando ustedes oren en mi nombre, estarán presentando a mi Padre todo lo que Yo Soy. Si lo hacen realmente en serio, y si me aman sinceramente, entonces me obedecerán. Y si se toman en serio obedecerme, enviaré al Espíritu Santo para ayudarles no solo en la obediencia, sino en todos los demás aspectos de su vida también".

Como dije, esto es lo que yo considero que podemos sacar de esos pasajes. Si solo sacamos lo que queremos, podemos terminar con una media verdad y cuando tenemos una media verdad, siempre terminaremos engañados.

¡La obediencia es importante!

Entiendo que no tenemos la capacidad (aparte de la ayuda del Señor) para ser obedientes de manera perfecta, pero si tenemos un corazón dispuesto, y si hacemos lo que podemos hacer, entonces Él enviará su Espíritu para que haga lo que nosotros no podemos hacer.

EXPERIMENTE LA LIBERTAD QUE JESÚS COMPRÓ PARA USTED

Puesto que Cristo ha padecido por nosotros en la carne, vosotros también armaos del mismo pensamiento; pues quien ha padecido en la carne, terminó con el pecado, para no vivir el tiempo que resta en la carne, conforme a las concupiscencias de los hombres, sino conforme a la voluntad de Dios.

—1 Pedro 4:1-2

No estoy sugiriendo que el poder del nombre de Jesús no funcionará sin una obediencia perfecta. Estoy planteando que el poder en el nombre de Jesús no se liberará a nadie que no tome en serio proseguir al supremo llamamiento en Cristo (Filipenses 3:14), que es la madurez, y la madurez requiere una obediencia extrema. La obediencia extrema requiere una disposición a sufrir en la carne, de una manera piadosa, por ejemplo, al negarse a sí mismo algo que usted quiere y que sabe que no es bueno para usted, si fuera necesario, para conocer y hacer la voluntad de Dios.

A menudo tenemos que sufrir para ser liberados del sufrimiento. Hay un sufrimiento piadoso y un sufrimiento que no lo es. Hubo años ven mi vida en las que sufrí cosas nada piadosas: depresión, odio, todo tipo de confusión emocional, tormento mental provocado por una preocupación y ansiedad extremas y por muchos otros sufrimientos.

Para poder experimentar la libertad que Jesús compró para mí yo necesitaba ser obediente a su Palabra. Su Palabra me instruyó en una nueva manera de vivir. Por ejemplo, me dijo que perdonara a aquellos que me habían dañado e incluso que los bendijera. Yo no quería, mi carne gritaba: "¡No es justo!". El Espíritu Santo luchaba dentro de mí. Seguía enseñándome, seguía acercándome más y más a Jesús. Por fin mi amor por Jesús creció hasta llegar al punto en que estuve dispuesta a obedecerle aunque para hacerlo tuviera que sufrir en la carne al perdonar e incluso bendecir.

Mientras más tiempo usted lleve en una relación con el Señor, más debe crecer en su amor por

Él. Mientras más lo ame, más estará dispuesto a obedecerle.

EL NOMBRE DE JESÚS ES PODER

Y por la fe en su nombre, a éste, que vosotros veis y conocéis, le ha confirmado su nombre; y la fe que es por él ha dado a éste esta completa sanidad en presencia de todos vosotros.

—Hechos 3:16

El nombre de Jesús es poder. Ningún padre amoroso daría poder a un bebé porque sabe que el niño se haría daño si lo hiciera. Los padres no retienen el poder de sus hijos para hacerles daño sino para ayudarles o mantenerlos seguros. Nuestro Padre celestial es igual. Él nos dice lo que está a nuestra disposición y luego, mediante su Espíritu, nos ayuda a madurar al punto donde podemos manejar lo que Él quiere darnos.

Yo creo que el poder en el nombre de Jesús es ilimitado. También creo que nuestro Padre celestial nos lo da cuando sabe que podemos manejarlo adecuadamente.

EL PODER SE CONFÍA A LA MADUREZ

...sino que siguiendo la verdad en amor, crezcamos en todo en aquel que es la cabeza, esto es, Cristo.

—Efesios 4:15

En nuestras propias vidas mi esposo y yo hemos experimentado que nuestro ministerio se ha multiplicado gradualmente. Año tras año sigue creciendo, y nosotros también. Puedo decir categóricamente que el tamaño y el poder de nuestro ministerio han aumentado en proporción directa a nuestro crecimiento personal en el Señor.

Ahora veo más resultados, más manifestaciones del poder de Dios, después de usar u orar en el nombre de Jesús, que lo que veía hace 20 años. Ha habido un incremento continuo, gradual y espero que esa tendencia continúe mientras yo esté en esta tierra. Mi esposo siempre dice que "el camino de Dios es lento y firme, y el del diablo rápido y frágil".

Después de leer este libro sobre la Palabra, el nombre y la sangre, usted tendrá un conocimiento que no tenía antes, y estará deseoso de usarlo. Le animo a hacerlo pero también le animo a no confundirse ni frustrarse si no obtiene resultados de un 100 por ciento de inmediato. Esté dispuesto a crecer a nuevos niveles de madurez y obediencia.

Pídale al Espíritu Santo que comience a revelarle cualquier aspecto en su vida que esté bloqueando el poder de Dios. Pídale que le muestre aspectos de egoísmo y de engaño. Tome la oración en serio, y también su crecimiento.

No piense que esta información sobre el nombre de Jesús es algo que Dios ha puesto en sus manos solo para ayudarle a obtener lo que usted quiere en la vida. Él sí quiere, y de hecho lo hará, darnos los deseos de nuestro corazón (Salmos 37:6), pero el deseo de su corazón es que usted y yo tomemos en serio nuestra relación con Él.

Cuando Jesús comenzó a hablar a sus discípulos sobre el privilegio de orar en su nombre y obtener sus peticiones, les dijo: "De cierto, de cierto les digo…". Yo creo que el poder de Dios es una responsabilidad solemne. El poder de Dios no es un juguete, y no se otorga a personas que solo andan jugando, sino a aquellos que en serio están listos para adoptar el programa de Dios para sus vidas. Creo que usted es una de esas personas, de lo contrario, no hubiera leído hasta aquí. Por lo tanto, a medida que usted siga creciendo y madurando en Cristo, podrá buscar nuevas y emocionantes dimensiones en su caminar con el Señor.

ESTÉ ALERTA CONTRA LA TENTACIÓN

Velad y orad, para que no entréis en tentación; el espíritu a la verdad está dispuesto, pero la carne es débil.

—Mateo 26:41

Pudiera seguir hablando y hablando de todos los aspectos en los que necesitamos obedecer a Dios. Nuestros pensamientos, palabras, actitudes, hábitos, contribuciones, etc. El Espíritu Santo está en nosotros para revelarnos la verdad (Juan 16:13). Él trabaja de continuo y nos lleva poco a poco a la voluntad perfecta de Dios. Podemos confiar en que Dios mediante su Espíritu nos mostrará aspectos en los que desobedecemos o que nos vemos tentados a desobedecer. No desobedecemos sin que primero nos veamos *tentados* a obedecer, y luego nos permitimos ceder a la tentación en lugar de resistirla.

En el huerto de Getsemaní Jesús animó a sus discípulos a *orar* para que no cayeran en tentación. Nuestro Señor sabía que la tentación venía. Era casi el final para Él. Sabía que Satanás había peleado duro en el momento de su nacimiento al orquestar que todos los bebés de Belén, de dos años o menos, fueran asesinados (Mateo 2:16). De la misma manera sabía que el diablo ahora pelearía duro y que lanzaría un ataque no solo contra Él sino contra sus discípulos, porque era tiempo para el final. Jesús estaba a punto de completar la voluntad de Dios para Él. Estaba a punto de ser obediente hasta lo sumo, incluso hasta la muerte (Filipenses 2:8).

Yo creo que usted y yo también estamos cerca del fin de nuestro ministerio en esta tierra. El final de todas las cosas está a las puertas, en mi opinión. La segunda venida de Cristo está cerca y podemos esperar que aumente la guerra espiritual. Así como Jesús animó a sus discípulos a que oraran para que no cayeran en tentación, le animo a hacer lo mismo. En cuanto sienta la tentación, ore en su nombre para que no caiga en ella.

La Biblia dice que la tentación debe venir (Juan 16:33). No podemos impedir que venga pero sí podemos orar para no caer en ella. Jesús les dijo a sus discípulos que oraran contra la tentación. También les instruyó en Mateo 6:13 y Marcos 14:38. Les dio su nombre para que oraran en él (Juan 14:14; 15:16). Solo piense cuánto más eficaces podemos ser usted y yo con su nombre.

Sí, enfrente esas tentaciones con las que lucha en el nombre de Jesús y yo creo que obtendrá buenos resultados. Usted no tiene que pelear solo la batalla. Hay poder en el nombre de Jesús. ¡Úselo!

9

¿QUÉ IMPLICA UN NOMBRE?

Y dará a luz un hijo, y llamarás su nombre JESÚS, porque él salvará a su pueblo de sus pecados. Todo esto aconteció para que se cumpliese lo dicho por el Señor por medio del profeta, cuando dijo: He aquí, una virgen concebirá y dará a luz un hijo, y llamarás su nombre Emanuel, que traducido es: Dios con nosotros.

—Mateo 1:21-23

Cuando el ángel del Señor se le apareció a José y le dijo que no tuviera miedo de tomar a María por esposa, aunque estaba embarazada y todavía no se habían casado. El Ángel le dijo a José que el niño concebido en el vientre de María era del Espíritu Santo. El ángel también le dijo a José cuál sería el nombre del niño. El nombre describía a la Persona: "...y llamarás su nombre JESÚS, porque él salvará a su pueblo de sus pecados". Es decir: "Lo llamarás de acuerdo a lo que Él hará".

LOS NOMBRES TIENEN SIGNIFICADO

He aquí mi pacto es contigo, y serás padre de muchedumbre de gentes. Y no se llamará más tu nombre Abram, sino que será tu nombre

Abraham, porque te he puesto por padre de muchedumbre de gentes...

Dijo también Dios a Abraham: A Sarai tu mujer no la llamarás Sarai, mas Sara será su nombre. Y la bendeciré, y también te daré de ella hijo; sí, la bendeciré, y vendrá a ser madre de naciones; reyes de pueblos vendrán de ella.

—Génesis 17:4, 5, 15, 16

Los nombres significaban mucho más para las personas que vivían en los tiempos bíblicos que lo que significan para nosotros en la actualidad. Incluso al principio de la Biblia vemos que los nombres tenían una tremenda importancia porque describían el carácter.

En Génesis 17 vemos que Dios les dio a Abram y Sarai nombres nuevos porque estaba haciendo cambios en sus vidas. Les estaba dando nombres que declaraban dichos cambios. Abram y Sarai conocían bien la importancia de los nombres y cuando Dios cambió sus nombres, ellos sabían lo que eso significaba. Al cambiar sus nombres él estaba comenzando a llamar "**las cosas que no son, como si fuesen**" (Romanos 4:17).

La versión inglesa *The Amplified Bible* traduce Romanos 4:17, que es una referencia a estos pasajes de Génesis, lo dice de esta manera: **Como está**

escrito, te he hecho padre de muchas naciones. [Él fue nombrado nuestro padre] ante los ojos del Dios en quien había creído, quien da vida a los muertos y habla de cosas inexistentes que [Él ha anunciado y prometido] como si [ya] existieran.

En Génesis 17:19 Dios le dijo a Abraham:... **"Ciertamente Sara tu mujer te dará a luz un hijo, y llamarás su nombre Isaac; y confirmaré mi pacto con él como pacto perpetuo para sus descendientes después de él".**

¿Qué implica un nombre? Mucho más de lo que la mayoría de nosotros entendemos. Cuando llamamos a una persona por su nombre estamos haciendo una declaración sobre esa persona. Al llamar a Sarai, Sara, Abraham y todos aquellos que pronunciaran su nombre estarían ayudándola a cambiar la imagen que tenía de sí misma.

Sarai era una mujer estéril, una mujer que probablemente tenía una baja autoestima porque no había podido darle a su esposo un hijo. Era una mujer anciana y en el mundo natural no tenía esperanza de que su situación fuera diferente, ¡pero Dios le cambió el nombre! Todo el que le hablara, llamándole Sara, le estaba llamando princesa. Tiene que haber comenzado a verse diferente. Debe haber sentido que la fe surgía en su corazón.

Al llamarle Sara, o Princesa, ellos, al igual que Dios estaban literalmente llamando "**las cosas que no son, como si fuesen**" (Romanos 4:17).

Lo mismo sucedió con Abram, cuyo nombre fue cambiado a Abraham.

También vemos otros ejemplos de esta verdad a lo largo de la Biblia. En Génesis 32:27-28 vemos un ángel que peleaba con Jacob y este fue el resultado de su encuentro: "**Y el varón le dijo: ¿Cuál es tu nombre? Y él respondió: Jacob. Y el varón le dijo: No se dirá más tu nombre Jacob, sino Israel; porque has luchado con Dios y con los hombres, y has vencido**".

Esto nos ayuda a entender lo que estamos haciendo cuando pronunciamos el nombre de Jesús. No es simplemente un nombre, sino que su nombre declara su carácter, lo que Él ha venido a hacer; declara todo lo que Él ha logrado.

¡LOS NOMBRES SON IMPORTANTES!

...cuando agradó a Dios, que me apartó desde el vientre de mi madre, y me llamó por su gracia, revelar a su Hijo en mí, para que yo le predicase entre los gentiles...

—Gálatas 1:15-16

¿QUÉ IMPLICA UN NOMBRE?

Me resultó interesante descubrir el significado de mi nombre. La mayor parte de mi vida me han llamado Joyce, que es mi segundo nombre, pero mi primer nombre es Pauline. Justo en el momento en que estaba comenzando a enseñar la Palabra de Dios y me preguntaba sobre la validez del llamado en mi vida, Dios preparó las cosas para que descubriera el significado de mi nombre.

Pauline se deriva de Paul (Pablo). Según la concordancia de Strong, el nombre del apóstol Pablo significa "pequeño"[4], y era predicador. Por lo tanto, algunos se refieren a él como "el predicador pequeño". Las epístolas que él escribió se conocen como "cartas paulinas". Mi segundo nombre Joyce, significa "alegre".[5] Por lo tanto, mi nombre completo, Pauline Joyce, pudiera significar "predicadora pequeña que es alegre".

Esta información, a la que Dios llamó mi atención en un momento clave de mi vida, fue una gran fuente de ánimo. Hasta ese momento yo había tenido muchas dudas sobre la parte de predicadora, y todavía no había experimentado un espíritu alegre.

Piénselo, Dios nos llama desde el vientre. Él ya conoce el camino exacto que cada uno de nosotros tomará en la vida. Como en mi caso, muchas veces el Señor incluso escoge el nombre para aquellos a quienes llama. Aunque mis padres no buscaron a Dios en cuanto a qué nombre ponerme, yo creo que Dios escogió mi nombre. Cada vez que mis padres o alguna otra persona me llama por mi nombre, estaban ayudando a establecer mi destino.

Por lo general, cuando las personas leen algo así, lo primero que quieren hacer es consultar un libro con definiciones de nombres. A veces encuentran que su nombre tiene un significado que les gusta y otras veces no. Si a usted no le gusta el significado de su nombre, o si siente que realmente no le encaja, no se preocupe. Como creyente usted lleva el nombre de Jesús, el nombre que es sobre todo nombre. Así que alégrese en eso y no caiga en la tentación de desanimarse.

Todos tenemos el hábito de poner apodos a la gente. Acortamos sus nombres o los hacemos sonar un poco diferentes, o si no, los llamamos por otro nombre que no es el propio porque nos parece que describe su apariencia o personalidad. A menudo los apodos que damos a otros no tienen significado o importancia en lo absoluto, excepto que pueden ser lindos o peculiares.

Mi esposo y yo tenemos una hija cuyo nombre propio es Sandra, que significa "ayudadora"[6].

Aunque ni siquiera sabíamos lo que su nombre significaba cuando lo escogimos, eso es justo lo que ella es, una ayudadora. Ella dirige nuestro ministerio de ayudas cuando viajamos y celebramos reuniones en otras ciudades. En casa ayudaba con todo. Cuándo más joven, cuidaba a su hermana y a su hermano que eran más pequeños. Simplemente le encanta ayudar a las personas.

Cuando niña la apodábamos Sam. Yo ni sé lo que quiere decir Sam, pero cuando descubrí lo que significaba Sandra, traté de llamarla por su nombre y no por algo que no tenía nada que ver con el llamamiento de su vida. A veces alguien en la familia todavía le dice Sam, y está bien. Quizá usted tenga un apodo u otro nombre que realmente no encaja con su personalidad o ministerio. No estoy dándole una ley nueva que tiene que seguir sino que espero haberle dado un principio que le ayudará a ver la importancia de los nombres, sobre todo los nombres bíblicos y especialmente los nombres divinos.

¡YO SOY, DIOS!

Ven, por tanto, ahora, y te enviaré a Faraón, para que saques de Egipto a mi pueblo, los hijos de Israel.

Entonces Moisés respondió a Dios: ¿Quién

soy yo para que vaya a Faraón, y saque de Egipto a los hijos de Israel?

Y él respondió: Ve, porque yo estaré contigo; y esto te será por señal de que yo te he enviado: cuando hayas sacado de Egipto al pueblo, serviréis a Dios sobre este monte.

Dijo Moisés a Dios: He aquí que llego yo a los hijos de Israel, y les digo: El Dios de vuestros padres me ha enviado a vosotros. Si ellos me preguntaren: ¿Cuál es su nombre?, ¿qué les responderé?

Y respondió Dios a Moisés: YO SOY EL QUE SOY. Y dijo: Así dirás a los hijos de Israel: YO SOY me envió a vosotros.

—Éxodo 3:10-14

He pensando en estos versículos durante mucho tiempo. Para mí es un pasaje extraordinario que encierra mucho más de lo que comprendemos. ¿Qué estaba queriendo decir Dios realmente cuando se refirió a sí mismo como Yo Soy?

Por un lado, Él es tanto que no hay manera de describirlo adecuadamente. ¿Cómo podemos describir a alguien que lo es todo y resumirlo en un nombre?

Moisés hizo una pregunta sobre la identidad de Dios y es evidente que el Señor no quería hacer una larga disertación acera de quién era, de modo que simplemente le dijo a Moisés: "Así dirás a los hijos de Israel: YO SOY me envió a vosotros". A manera de explicación, él precedió su declaración diciendo: "YO SOY EL QUE SOY."

Para ser honesta, puedo sentir la unción de Dios incluso al escribir estas palabras. ¡Hay poder en ese nombre!

Era como si Dios estuviera diciéndole a Moisés: "No tienes que preocuparte por el faraón ni por más nadie. YO SOY capaz de ocuparme de cualquier cosa que te encuentres. Lo que necesites, YO SOY. O lo tengo o lo puedo conseguir. Si no existe, lo creo. Lo tengo todo bajo control, no solo ahora, sino para siempre. ¡Tranquilo!".

¡YO SOY, JESÚS!

En seguida Jesús hizo a sus discípulos entrar en la barca e ir delante de él a la otra ribera, entre tanto que él despedía a la multitud.

Despedida la multitud, subió al monte a orar aparte; y cuando llegó la noche, estaba allí solo.

Y ya la barca estaba en medio del mar, azotada por las olas; porque el viento era contrario. Mas a la cuarta vigilia de la noche, Jesús vino a ellos andando sobre el mar.

Y los discípulos, viéndole andar sobre el mar,

se turbaron, diciendo: ¡Un fantasma! Y dieron voces de miedo.

Pero en seguida Jesús les habló, diciendo: ¡Tened ánimo; yo soy, no temáis!

—Mateo 14:22-27

Jesús respondió a sus discípulos de la misma manera en que Dios el Padre le respondió a Moisés.

Debiera ser suficiente para nosotros saber que el Señor está con nosotros y que Él es todo lo que necesitamos ahora, o lo que necesitaremos jamás. De hecho Él es tanto que en cualquier crisis no tiene tiempo para definirse a sí mismo por completo.

He visto que el Señor se revela a sí mismo de diferentes maneras en diferentes momentos. Él se revela a sí mismo acorde a nuestra necesidad.

En el libro de Elmer L. Towns *The Names of Jesus* (Los nombres de Jesús), él registra más de 700 nombres bíblicos, títulos, símbolos, símiles, descripciones y nombramientos que se usaron para referirse a Jesús. Cada uno muestra algún aspecto del carácter de Jesús.[7]

Por ejemplo, Apocalipsis 1:8 declara que Él es el Alfa y la Omega. Eso significa que es el primero y el último, el principio y el fin. Eso indica que Él siempre ha sido y siempre será.

Isaías 53:1 dice que Él es el brazo de Jehová. Es Jesús quien nos alcanza en los fosos en los que nos metemos y nos saca y nos pone sobre tierra firme.

En Marcos 6:3 a Jesús se le llama el Carpintero. Me gusta pensar en este nombre de Jesús porque un carpintero construye casa y ahora yo soy el tabernáculo o la casa del Espíritu Santo. Jesús me está construyendo, está construyendo mi vida. Él ha puesto el fundamento y construirá el edificio. Pensar en Él como el carpintero de mi vida me quita la presión de construir mi propia vida.

A continuación voy a enumerar citas de la Escritura que son solo algunos de mis nombres, títulos y referencias favoritos acerca de Jesús:

Consejero (Isaías 9:6, referencia profética)

El fin de la ley (Romanos 10:4)

Fiel y Verdadero (Apocalipsis 19:11)

El precursor (Hebreos 6:20, considere: Él es el corredor que va delante y abre el camino donde antes no había camino)

La cabeza de todo principado y potestad (Colosenses 2:10)

Mi ayudador (Hebreos 13:6)

Nuestra esperanza (1 Timoteo 1:1)

El Justo (Hechos 7:52)

Rey de reyes (Apocalipsis 19:16)

Rey de paz (Hebreos 7:2, referencia profética)

Rey de justicia (Hebreos 7:2, referencia profética)

El Cordero que fue inmolado desde el principio del mundo (Apocalipsis 13:8)

La vida (Juan 14:6)

El pan de vida (Juan 6:51)

Varón de dolores (Isaías 53:3, referencia profética)

Nombre que es sobre todo nombre (Filipenses 2:9)

Ungüento derramado (Cantares 1:3, referencia profética)

Médico (Lucas 4:23)

El poder de Dios (1 Corintios 1:24)

Quien entiende enseguida (Isaías 11:3, referencia profética)

Fuego purificador (Malaquías 3:2, referencia profética)

La resurrección y la vida (Juan 11:25)

El mismo ayer, hoy y siempre (Hebreos 13:8)

Salvador (Tito 2:13)

El Hijo de Dios (Juan 1:49)

El Hijo del hombre (Juan 1:51)

La entrañable misericordia de nuestro Dios (Lucas 1:78)

La verdad (Juan 14:6)

Quien sustenta todas las cosas con la palabra de su poder (Hebreos 1:3)

El camino (Juan 14:6)

El Verbo de Dios (Apocalipsis 19:13)

La Palabra de vida (1 Juan 1:1)

Si usted lee esta lista despacio y piensa en cada una de esas referencias, enseguida verá que cada una provoca de inmediato una comprensión de algo especial que Jesús es para usted y para mí. Su nombre revela su carácter, quién es para nosotros y lo que ha hecho.

Una mirada a los nombres de Jehová que se usaron en el Antiguo Testamento nos muestra lo mismo. En Génesis 22:14, Él es *Jehovah-jireh*, que significa el Señor proveerá. En Éxodo 17:15, Él es *Jehovah-nissi*, el Señor nuestro estandarte. En Éxodo 15:26, Él es *Jehovah-rapha*, el Señor que te sana. En Salmos 23:1, Él es *Jehovah-rohi*, el Señor es mi pastor. En Jueces 6:24, Él es *Jehovah-shalom*, el Señor nuestra paz. En Ezequiel 48:35, Él es *Jehovah-shemmah*, el Señor está ahí. En Jeremías 23:6, Él es *Jehovah-tsidkenu*, el Señor nuestra justicia.

También se hace referencia al Padre como:

Mi defensa (Salmos 94:22)

Mi libertador (Salmos 40:17)

Tu escudo, y tu galardón (Génesis 15:1)

Mi Padre (Salmos 89:26)

Padre de los huérfanos (Salmos 68:5)

Mi gloria (Salmos 3:3)

Salvación mía (Salmos 42:11)

Mi escondedero (Salmos 32:7)

Tu guardador (Salmos 121:5)

Rey de los siglos, inmortal, invisible (1 Timoteo 1:17)

El que levanta mi cabeza (Salmos 3:3)

El Señor poderoso en batalla (Salmos 24:8)

El Altísimo (Salmos 9:2)

[Él] **sustentará tu vejez** (Rut 4:15)

El camino de vida (Salmos 16:11)

Lugar de refugio (Isaías 4:6)

Mi porción (Salmos 119:57)

Refugio del pobre (Salmos 9:9)

Mi canción (Isaías 12:2)

Fortaleza en el día de la angustia (Nahúm 1:7)

Nuestro pronto auxilio en las tribulaciones (Salmos 46:1)

Hay muchos otros nombres descriptivos para el Padre, pero estos son algunos con los que estoy más familiarizada. Su nombre hebreo es *Jehová*, que significa "El Señor", y era el nombre más respetado de Dios en el Antiguo Testamento. Pero las distintas facetas de su carácter se expresan en los nombres que le describen.

Según el libro de Elmer Towns, *The Names of Jesus*, el nombre "Jehová" era tan respetado que cuando los escriban copiaban las Escrituras y llegaban a este nombre, se cambiaban la ropa y buscaban pluma y tinta nuevos para escribirlo. Se negaban incluso a pronunciarlo mientras leían las Escrituras y lo sustituían por el término hebreo *Adonai*.[8]

En lo personal me gustaría ver algo de ese respeto por el nombre del Señor de vuelta en la iglesia. Hoy hay una necesidad real de mostrar respeto por el nombre de Dios, aunque tal vez no de la misma manera en que se expresaba en los días del Antiguo Testamento.

El Señor es el Eterno YO SOY. Siempre con nosotros. Todo lo que necesitamos o que necesitaremos jamás. Su nombre es Jesús y ese nombre tiene un poder que ni siquiera podemos empezar a comprender. Nuestras mentes finitas no pueden expandirse lo suficiente como para comenzar a entender el poder ilimitado que se ha dado a su glorioso nombre. Cuando pronunciamos ese nombre, ¡Jesús!, ese poder enseguida está a nuestra disposición.

El poder del diablo y todas sus huestes no pueden resistir ese nombre maravilloso. ¡Úselo! Él se lo ha dado para que lo use. Úselo contra el enemigo. Úselo para traer bendición a otros. Úselo para ayudarse a sí mismo. Úselo para producir gozo en el corazón del Padre.

¡Hay poder en el nombre de Jesús! Es el nombre sobre todo nombre ¡y ante el nombre de Jesús toda rodilla tiene que doblarse!

TERCERA PARTE
LA SANGRE

10

¡OH, LA SANGRE!

Porque habiendo anunciado Moisés todos los mandamientos de la ley a todo el pueblo, tomó la sangre de los becerros y de los machos cabríos, con agua, lana escarlata e hisopo, y roció el mismo libro y también a todo el pueblo, diciendo: Esta es la sangre del pacto que Dios os ha mandado.

—Hebreos 9:19-20

La Palabra de Dios no tiene poder para el creyente que no tiene entendimiento con respecto a la sangre.

Hace poco supe de un hombre que estaba viendo mi programa de televisión. Me oyó hablar de la sangre de Jesús y le dijo a su esposa: "¿Qué quiere decir ella cuando dice 'la sangre'?". Cuando escucha el evangelio le es difícil entenderlo. Él necesita enseñanza y revelación con respecto a la sangre de Jesús y lo que esa sangre ha hecho por él. Él necesita la sangre rociada sobre él y sobre el Libro para que pueda experimentar que la Palabra de Dios se abra ante él.

Hebreos 9:19-20 confirma esta necesidad en las vidas de las personas. Bajo el pacto del Antiguo

Testamento cuando el libro de la ley se leía, se rociaba con sangre y también se rociaba a las personas. Era una manera de sellar y ratificar el testamento o pacto entre Dios e Israel.

El Nuevo Pacto siempre ofrece un camino mejor, un camino vivo. Bajo el Nuevo Pacto no tenemos que rociar sangre de animales sobre la Biblia ni sobre nosotros antes de leerla, pero sí necesitamos entender que la sangre de Jesús ha sido derramada por nosotros y eso ha sellado y ratificado el Nuevo Pacto que ahora tenemos con Dios. El hecho de que usted esté leyendo este libro es prueba de que el Espíritu Santo le está llevando a recibir revelación en su vida con respecto a la sangre de Jesús.

La Biblia es un libro sobre la sangre, habla de sangre desde Génesis hasta Apocalipsis. En Génesis 4:10 vemos que la sangre de Abel clama a Dios desde la tierra luego de que Caín lo asesinara, y en Apocalipsis 19:13 vemos a Jesús vestido con una ropa teñida en sangre. Un estudio cuidadoso de la Palabra de Dios muestra sangre por todas partes. ¿Por qué? Porque según la Escritura, la vida está en la sangre.

LA VIDA ESTÁ EN LA SANGRE

Porque la vida de la carne en la sangre está, y yo os la he dado para hacer expiación sobre el altar por vuestras almas; y la misma sangre hará expiación de la persona.

—Levítico 17:11

Así como la luz es lo único que puede conquistar o vencer las tinieblas, la vida es la única cosa que puede conquistar o vencer la muerte.

Cuando Dios creó a Adán lo formó del polvo de la tierra y sopló en su nariz aliento de vida o el espíritu de vida y el hombre se convirtió en un ser vivo (Génesis 2:7).

Adán ya tenía sangre pero no hubo vida en él hasta que Dios le dio su propia vida. La sustancia química a la que nosotros llamamos sangre lleva vida. Si una persona pierde la sangre, pierde la vida. Si no hay sangre, no hay vida, porque la sangre lleva la vida.

La vida es una sustancia espiritual pero necesita un portador físico. La sangre lleva la vida de Dios porque Él es la vida.

11

¿QUÉ TIENE DE ESPECIAL LA SANGRE DE JESÚS?

Por tanto, el Señor mismo os dará señal: He aquí que la virgen concebirá, y dará a luz un hijo, y llamará su nombre Emanuel.

—Isaías 7:14

El nacimiento de Jesús no fue normal, Él nació de una virgen. Tuvo por madre a una mujer (María), pero Dios es su Padre. El nacimiento virginal de Jesús tiene una importancia vital debido a la sangre.

En el libro de H. A. Maxwell Whyte *El poder de la sangre*, él dice sobre la concepción sobrenatural de Jesús en el vientre de María: "El óvulo femenino en sí no tiene sangre, ni tampoco el espermatozoide masculino, sino que cuando ambos se unen en la trompa de Falopio ocurre la concepción, y comienza una nueva vida. Las células de la sangre en esta nueva creación provienen de ambos, el padre y la madre, y el tipo de sangre se determina en el momento de la concepción, y a partir de entonces queda protegido por la placenta de cualquier flujo de la sangre de la madre al feto.

La Biblia es explícita al decir que el Espíritu Santo fue el agente divino que provocó la concepción de Jesús en el vientre de María. Por tanto, esta no fue una concepción normal sino un acto sobrenatural de Dios al poner la vida de su Hijo, que ya existía, en el vientre de María sin la concepción natural de un espermatozoide masculino con el óvulo femenino de María. Ya que el tipo de sangre del Hijo de Dios era un tipo aparte y precioso, es inconcebible que María pudiera haber suministrado ninguna de su sangre adámica para el inmaculado Cordero de Dios. Toda la sangre del niño vino de su Padre en el cielo mediante un acto creador y sobrenatural de Dios. La sangre de Jesús no tenía la mancha del pecado adámico".[9]

Adán fue creado sin pecado, la vida de Dios estaba en él, y cuando él permitió pecado en su vida, su pecado entonces pasó a cada ser humano que nació después de él. El pecado de Adán pasó a través de su sangre. Nadie podía escaparse. El salmista David lo dice bien en Salmos 51:5: "**He aquí, en maldad he sido formado, y en pecado me concibió mi madre**".

Jesús vino para redimir al hombre, para comprar su libertad, para restaurarlo a su estado original. ¿Cómo podría hacerlo con una sangre pecadora? En 1 Corintios 15:45 se dice que Jesús es el último

Adán: "Fue hecho el primer hombre Adán alma viviente; el postrer Adán, espíritu vivificante".

Hay vida en la sangre de Jesús y cuando se aplica de manera adecuada, la vida de su sangre conquista y vence la muerte que obra en nosotros mediante el pecado.

LA AUTORIDAD DADA A ADÁN

Entonces dijo Dios: Hagamos al hombre a nuestra imagen, conforme a nuestra semejanza; y señoree en los peces del mar, en las aves de los cielos, en las bestias, en toda la tierra, y en todo animal que se arrastra sobre la tierra.

Y creó Dios al hombre a su imagen, a imagen de Dios lo creó; varón y hembra los creó.

Y los bendijo Dios, y les dijo: Fructificad y multiplicaos; llenad la tierra, y sojuzgadla, y señoread en los peces del mar, en las aves de los cielos, y en todas las bestias que se mueven sobre la tierra.

—Génesis 1:26-28

Adán fue creado a imagen de Dios, creado sin pecado. La idea de Dios era que él tuviera autoridad sobre todas las otras cosas que Dios había creado. Dios le dio autoridad y le dijo que tuviera dominio y subyugara la tierra.

El hombre debía gobernar bajo Dios, ser el portador físico del Espíritu de Dios en la tierra. Adán fue creado con libre albedrío. Dios quería su sumisión voluntaria, no obligada; por lo tanto, fue creado con una capacidad para escoger.

Observe que la Biblia dice que Adán debía usar todo los amplios recursos de la tierra para el servicio de Dios y del hombre. No se supone que los usara solo para sí mismo, de una manera egoísta. Debía ser guiado, dirigido y controlado de manera voluntaria por el Espíritu de Dios y ministrar a Dios y para Dios.

EL MANDATO DADO A ADÁN

Tomó, pues, Jehová Dios al hombre, y lo puso en el huerto de Edén, para que lo labrara y lo guardase.

Y mandó Jehová Dios al hombre, diciendo: De todo árbol del huerto podrás comer; mas del árbol de la ciencia del bien y del mal no comerás; porque el día que de él comieres, ciertamente morirás.

—Génesis 2:15-17

Si Adán le daba a Dios lo mejor de sí, su libre albedrío, Dios le daría a Adán lo mejor de sí, lo mejor de todo. Dios había iniciado una relación de pacto con Adán y en un pacto, ambas partes dan lo mejor de sí. Sin embargo, ¡Adán cometió un error fatal! Tomó la autoridad que Dios le había dado y se la entregó a Satanás. El Señor le había dado a Adán libertad y autoridad sobre todo lo bueno que necesitaría para vivir una vida poderosa, llena de gozo y paz. Pero hubo una cosa que el Señor le dijo que no hiciera.

LA TENTACIÓN DE ADÁN

Pero la serpiente era astuta, más que todos los animales del campo que Jehová Dios había hecho; la cual dijo a la mujer: ¿Conque Dios os ha dicho: No comáis de todo árbol del huerto?

Y la mujer respondió a la serpiente: Del fruto de los árboles del huerto podemos comer; pero del fruto del árbol que está en medio del huerto dijo Dios: No comeréis de él, ni le tocaréis, para que no muráis.

Entonces la serpiente dijo a la mujer: No moriréis; sino que sabe Dios que el día que comáis de él, serán abiertos vuestros ojos, y seréis como Dios, sabiendo el bien y el mal.

Y vio la mujer que el árbol era bueno para comer, y que era agradable a los ojos, y árbol codiciable para alcanzar la sabiduría; y tomó de su fruto, y comió; y dio también a su marido, el cual comió así como ella.

Entonces fueron abiertos los ojos de ambos, y conocieron que estaban desnudos; entonces cosieron hojas de higuera, y se hicieron delantales.

Adán hizo lo que Dios le dijo que no hiciera, y al hacerlo se volvió cautivo de Satanás quien con engaño lo atrajo a ir contra la Palabra de Dios. Al escuchar a Satanás y no a Dios, Adán le entregó la autoridad para gobernar la tierra que Dios le había dado al hombre originalmente.

Más adelante, en el Nuevo Testamento, Lucas registra lo que Satanás le dijo a Jesús cuando estaba siendo tentado, probado, examinado durante cuarenta días en el desierto: **"Y le llevó el diablo a un alto monte, y le mostró en un momento todos los reinos de la tierra. Y le dijo el diablo: A ti te daré toda esta potestad, y la gloria de ellos; porque a mí me ha sido entregada, y a quien quiero la doy" (Lucas 4:5-6).**

El diablo dijo: "Toda esta potestad me ha sido entregada, es mía". Dios le había arrendado la tierra a Adán, y este se la entregó a Satanás. En 2 Corintios 4:4 leemos que Satanás es el dios de este mundo o pudiéramos decir, el dios del sistema de este mundo. El arrendamiento de la tierra le ha sido entregado, pero el tiempo se le está acabando y él lo sabe.

Dios siempre ha tenido un plan para la redención del hombre. Según W. E. Vine, los dos verbos griegos que se tradujeron como *redimir* en el Nuevo Testamento significan "comprar" o "saldar"...sobre todo en la compra de un esclavo en vistas a su libertad...."Significa soltar al pagar un precio de rescate".[10] Dios instituyó su plan enseguida que descubrió que Adán le había desobedecido.

LA CAÍDA DE ADÁN

Y oyeron la voz de Jehová Dios que se paseaba en el huerto, al aire del día; y el hombre y su mujer se escondieron de la presencia de Jehová Dios entre los árboles del huerto.

Mas Jehová Dios llamó al hombre, y le dijo: ¿Dónde estás tú?

Y él respondió: Oí tu voz en el huerto, y tuve miedo, porque estaba desnudo; y me escondí.

Y Dios le dijo: ¿Quién te enseñó que estabas desnudo? ¿Has comido del árbol de que yo te mandé no comieses?

Y el hombre respondió: La mujer que me diste por compañera me dio del árbol, y yo comí.

Entonces Jehová Dios dijo a la mujer: ¿Qué es lo que has hecho? Y dijo la mujer: La serpiente me engañó, y comí.

Y Jehová Dios dijo a la serpiente: Por cuanto

esto hiciste, maldita serás entre todas las bestias y entre todos los animales del campo; sobre tu pecho andarás, y polvo comerás todos los días de tu vida.

Y pondré enemistad entre ti y la mujer, y entre tu simiente y la simiente suya; ésta te herirá en la cabeza, y tú le herirás en el calcañar.

—Génesis 3:8-15

Yo creo que antes de que Adán pecara, estaba vestido de la gloria de Dios. En cuanto Adán y Eva pecaron, se dieron cuenta de que estaban desnudos. Incluso pudiéramos decir que perdieron su revestimiento. Mientras obedecieron a Dios, estuvieron protegidos de todo aquello que el diablo quería hacer con ellos y, en última instancia, a través de ellos. Al ver lo que el diablo había hecho, enseguida Dios anunció su condena y le dijo cómo ocurriría.

Satanás realmente no entendió lo que Dios estaba diciendo; no obstante, Dios lo dijo y tenía que suceder: "…pondré enemistad entre ti y la mujer, y entre tu simiente y la simiente suya; ésta te herirá en la cabeza, y tú le herirás en el calcañar".

Herir la cabeza significa herir la autoridad. Dios ha dicho que la simiente de la mujer (Jesús), le quitará la autoridad a Satanás. Satanás le herirá en el calcañar (afligir su cuerpo, tanto en la cruz como al afligir a la humanidad).

Jesús murió en la cruz por nosotros, y al hacerlo le quitó a Satanás la autoridad que Adán le había dado y la regresó a cada persona que llegue a creer, no solo que crea que Jesús murió por ella sino que crea que Satanás ha perdido autoridad sobre ella.

Usted y yo necesitamos entender que Jesús no solo murió por nosotros ¡sino que nos *redimió*!

Imagine que un rey tenía un hijo, el príncipe del reino, alguien que se sentaba a su lado y gobernaba junto con él. Ahora suponga que un villano secuestra a ese hijo. El rey sin dudas tendría un plan para recuperar a su hijo. Cuando lo recuperó, no solo lo trajo a casa sino que lo restauró al lugar que le correspondía, junto a él en el trono.

Eso es lo que Dios ha hecho por nosotros en Cristo Jesús.

LA RESTAURACIÓN DE ADÁN

...y juntamente con él nos resucitó, y asimismo nos hizo sentar en los lugares celestiales con Cristo Jesús.

—Efesios 2:6

Durante años yo creí que Jesús había muerto por mis pecados y que cuando muriera, iría al cielo porque había creído en él. Pero nuestra redención implica mucho más que eso. Hay una vida de victoria que Dios quiere para usted y para mí, *ahora.*

Nuestra posición "en Cristo" es estar sentados a la diestra del Señor Dios Omnipotente. Es imposible que vivamos de manera victoriosa en esta tierra sin comprender y operar en nuestra autoridad y dominio legítimos sobre el diablo y todas sus obras. Por lo tanto, hago énfasis en la necesidad de comprender bien la redención.

LA REDENCIÓN DE ADÁN

...en quien tenemos redención por su sangre, el perdón de pecados según las riquezas de su gracia.

—Efesios 1:7

Dios quiere restaurarnos a usted y a mí al lugar de autoridad que nos corresponde. Él ya ha hecho todos los arreglos, pudiéramos decir que Él ha "sellado el trato". El precio de compra se ha pagado por completo. Hemos sido comprados por un precio, la preciosa sangre de Jesús.

Estamos libres del pecado y de toda la "muerte" que lo acompaña. Cuando Dios le dijo a Adán que moriría si comía del fruto prohibido, no quiso decir que dejaría de respirar inmediatamente y que dejaría de existir. Quiso decir que la muerte entraría en la tierra. A partir de ese momento el hombre tendría que lidiar con la muerte en todas sus formas.

La preocupación, la ansiedad y el temor son todas formas de muerte. Las luchas, la amargura y el resentimiento son formas de muerte. La enfermedad y los padecimientos son formas de muerte. Todos estos son "porciones de muerte" como resultado del pecado en la tierra.

El hombre estaba tan lleno de vida (de la vida de Dios) que realmente le tomó siglos a Satanás enseñarle a morir. En los primeros relatos bíblicos, la gente llegaba a tener cientos de años. Creo que fue así porque estaban llenos de la fuerza vital de Dios que la muerte tenía que trabajar bastante para acabarlos.

Pero Dios compró nuevamente la gloria coronadora de su creación. Nos compró con la sangre de su propio Hijo, ¡la preciosa sangre de Jesús!

¡Oh, la sangre! ¡Qué tesoro tan preciado es! ¿Por qué tenía que ser sangre lo que comprara nuestra salvación? Porque la vida está en la sangre, y la vida es el único antídoto para la muerte.

Si una persona bebe un veneno accidentalmente, necesita encontrar enseguida el antídoto adecuado. No puede ser cualquier cosa, tiene que ser el antídoto específico que contrarresta el veneno. De la misma manera sucede con la muerte, el único antídoto es la vida, y la vida está en la sangre.

COMPRADOS POR LA SANGRE PRECIOSA

Porque habéis sido comprados por precio; glorificad, pues, a Dios en vuestro cuerpo y en vuestro espíritu, los cuales son de Dios.

—1 Corintios 6:20

Repítaselo en voz alta: "Fui comprado por un precio, comprado por un precio precioso, ya estoy pagado y le pertenezco a Dios".

Primera a los Corintios 7:23 dice: "**Por precio fuisteis comprados; no os hagáis esclavos de los hombres**".

Usted fue comprado por un precio, comprado mediante algo de valor inapreciable, y ese algo es la sangre de Jesucristo: ...**Sino con la sangre preciosa de Cristo, como de un cordero sin mancha y sin contaminación**" (1 Pedro 1:19).

La sangre de Jesús es preciosa ante el Padre y debe ser preciosa para nosotros. Precioso quiere decir valioso. Algo precioso es algo que protegemos, algo que cuidamos, algo de lo que no queremos separarnos. La sangre de Jesús es preciosa, y debe ser honrada y respetada. Una de las maneras en que podemos honrar la sangre es al cantar de ella, hablar de ella, estudiar sobre ella y meditar en ella.

Tenemos un estandarte que llevamos y ponemos en nuestros eventos. Es un estandarte que da honor a la sangre de Cristo. Una noche, después de una reunión, una señora anciana se me acercó y dijo: "Ahora ya sé por qué su ministerio es bendecido, usted le da honor a la sangre de Jesús". En realidad alguien nos regaló el estandarte y lo teníamos allí porque pensábamos que era lindo, pero el comentario de esta mujer habló a mi corazón porque sí necesitábamos honrar siempre la sangre de Jesús.

A menudo le dijo a mi líder de adoración: "Canta canciones sobre el nombre de Jesús y la sangre de Jesús. A menudo le animo a que comience la reunión con canciones sobre el nombre o la sangre. Y lo hago de manera especial si siento alguna opresión de parte del enemigo porque sé que el diablo le teme a la sangre.

12

¿POR QUÉ SATANÁS LE TEME A LA SANGRE?

Y despojando a los principados y a las potestades, los exhibió públicamente, triunfando sobre ellos en la cruz.

—Colosenses 2:15

...y por medio de él reconciliar consigo todas las cosas, así las que están en la tierra como las que están en los cielos, haciendo la paz mediante la sangre de su cruz.

—Colosenses 1:20

Estos pasajes nos revelan claramente por qué Satanás le teme a la sangre de la cruz, ¡porque fue por la sangre que él fue derrotado!

Usemos nuestra imaginación santa y pensemos en la escena en la Cruz y cómo debe haber sido el día en que Jesús murió. Primero, lo habían golpeado con 39 azotes sobre sus espaldas, así que sangraba por esas laceraciones. Luego le encajaron una corona de espinos en su cabeza.

He leído que es posible que esos espinos midieran una pulgada y medio de largo, y que eran fuertes y robustos. Cuando le colocaron a Jesús la corona de espinos en su cabeza, no lo hicieron gentilmente, sino que la pusieron con tal fuerza que causó dolor y pérdida de sangre. La sangre debe haber corrido por su rostro empapándole el pelo y la barba. Sin dudas, también hubo sangre derramada por los clavos en sus manos y sus pies. Su costado fue traspasado con una espada y de la herida salió agua y sangre.

Sangre, sangre... dondequiera que uno mirara había sangre. Corría por su cuerpo y empapaba el pie de la cruz o el "altar" donde él fue ofrecido por el pecado de la humanidad.

LA SANGRE HACE EXPIACIÓN

No ofreceréis sobre él incienso extraño, ni holocausto, ni ofrenda; ni tampoco derramaréis sobre él libación.

Y sobre sus cuernos hará Aarón expiación una vez en el año con la sangre del sacrificio por el pecado para expiación; una vez en el año hará expiación sobre él por vuestras generaciones; será muy santo a Jehová.

—Éxodo 30:9-10

En el Antiguo Testamento vemos tipos y sombras de la crucifixión. Cuando el sumo sacerdote iba al Lugar Santísimo el Día de la Expiación para ofrecer sacrificios por sus propios pecados y los pecados del pueblo, tenía que hacerlo con sangre.

Mire de nuevo lo que dice Levítico 17:11: "**Porque la vida de la carne en la sangre está, y yo os la he dado para hacer expiación sobre el altar por vuestras almas; y la misma sangre hará expiación de la persona**".

El acto de ofrecer sangre de animales por parte del sumo sacerdote era un tipo, una mera sombra de lo que vendría después. Estos sacerdotes tenían que ir año tras año y hacer los mismos sacrificios. Sus pecados y los pecados del pueblo no se quitaban, sencillamente quedaban cubiertos. La sangre de animales se colocaba sobre sus pecados para expiar por ellos, pero no era una obra terminada. El libro de Hebreos nos enseña que cuando Jesús terminó la obra del sacrificio, puso fin a los sacrificios continuos.

Mi esposo siempre les decía a nuestros hijos, y lo ha dicho a algunos de nuestros empleados: "Si hacen bien el trabajo, no tendrán que hacerlo una y otra vez".

Eso fue lo que hizo Jesús por nosotros, de una vez y para siempre.

UNA VEZ Y PARA SIEMPRE

...y no por sangre de machos cabríos ni de becerros, sino por su propia sangre, entró una vez para siempre en el Lugar Santísimo, habiendo obtenido eterna redención.

—Hebreos 9:12

Pudiéramos decir que Jesús hizo bien el trabajo. Hasta ese momento todo se hacía para que "resolviéramos", por decirlo de alguna manera, hasta que llegara el cumplimiento del tiempo de Dios. Cuando llegó el momento de poner en acción el plan que Él había anunciado en el Edén, envió a su Hijo para que hiciera bien el trabajo. Jesús ofreció su sangre una vez y para siempre. Eso significad dos cosas: 1) que nunca tendrá que hacerlo otra vez; y 2) que se hizo por todo el mundo.

Bajo el Antiguo Pacto, los pecados de las personas se cubrían pero nunca se deshacían de la consciencia de pecado. La sangre de los toros y los carneros podía usarse para la purificación del cuerpo del hombre pero nunca podía alcanzar al hombre interior y purificar su conciencia (Hebreos 10:1-3.)

Eso requería un tipo de sangre diferente, que operara a partir de un espíritu diferente.

LA SANGRE Y EL ESPÍRITU

Porque si la sangre de los toros y de los machos cabríos, y las cenizas de la becerra rociadas a los inmundos, santifican para la purificación de la carne, ¿cuánto más la sangre de Cristo, el cual mediante el Espíritu eterno se ofreció a sí mismo sin mancha a Dios, limpiará vuestras conciencias de obras muertas para que sirváis al Dios vivo?

—Hebreos 9:13, 14

Observe que Jesús ofreció su sangre por el Espíritu. El Espíritu y la sangre funcionan juntos. El Espíritu Santo prometido no podía derramarse el Día de Pentecostés hasta que la sangre hubiera sido derramada en la cruz del Calvario. La sangre y el Espíritu siguen obrando hoy. Dé honor a la sangre en su vida y verá al Espíritu derramado en su vida.

Estamos viviendo en los últimos tiempos, en un momento en que Dios ha prometido derramar su gloria sobre su pueblo (Joel 2:28-32). En estos tiempos finales he observado un aumento en las enseñanzas sobre la sangre de Jesús. Se han escrito varios libros recientemente sobre la sangre. Dios está capacitando a su pueblo. Está listo para mostrar su gloria, pero tenemos que honrar la sangre. Debemos saber que cuando Dios se mueve de manera poderosa, Satanás también se mueve en su contra, y en contra nuestra, con una fuerza vengativa. La sangre es nuestra protección y Satanás le teme a la sangre.

Este libro es un medio que el Señor ha escogido para ayudarle a capacitarse para ser un vencedor en la guerra del fin de los tiempos.

LA SANGRE DERRAMADA CONSUME EL PECADO

Al que no conoció pecado, por nosotros lo hizo pecado, para que nosotros fuésemos hechos justicia de Dios en él.

—2 Corintios 5:21

La cruz de Jesucristo, el altar donde se ofreció a sí mismo, estuvo cubierto de sangre, y tenía que estarlo.

En Éxodo vemos el ejemplo del Antiguo Testamento: "**Y de la sangre del becerro tomarás y pondrás sobre los cuernos del altar con tu dedo, y derramarás toda la demás sangre al pie del altar...Y matarás el carnero, y con su sangre rociarás sobre el altar alrededor**" (Éxodo 29:12,16). En el sacrificio hebreo por el pecado, se echaba sangre sobre el altar y se derramaba al pie del altar. Vemos lo mismo cuando Jesús fue crucificado por nuestro pecado. Sangre por todos lados en el altar (la cruz) y corriendo por el altar (la cruz) y derramada sobre el pie del altar (la cruz).

El propio Jesús estaba cubierto con sangre. Tenía que ser de esa manera, él estaba llevando sobre sí mismo nuestros pecados, estaba convirtiéndose en pecado por nosotros. El pecado produce muerte, y solo la vida puede conquistar la muerte. La vida está en la sangre; por lo tanto, cuando él tomó nuestros pecados para hacer expiación por ellos, su sangre tenía que ser derramada para que la muerte fuera sorbida en la vida.

En Éxodo 29:20 vemos el tipo y la sombra del Antiguo Testamento en la que el sumo sacerdote tenía que ser ungido con sangre para estar santificado y poder ministrar a favor del pueblo: "**Y matarás el carnero, y tomarás de su sangre y la pondrás sobre el lóbulo de la oreja derecha de Aarón, sobre el lóbulo de la oreja de sus hijos, sobre el dedo pulgar de las manos derechas de ellos, y sobre el dedo pulgar de los pies derechos de ellos, y rociarás la sangre sobre el altar alrededor**".

Todas las ceremonias del Antiguo Pacto apuntaban a la muerte y el derramamiento de la sangre de Jesucristo, pero la gente no entendía que sus actos eran tipos y sombras. Pudiera incluso decirse que eran profecías con respecto a las cosas venideras.

Dios conocía su plan, pero la Biblia le llama "el **misterio que había estado oculto desde los siglos y edades, pero que ahora ha sido manifestado a sus santos**" (Colosenses 1:26).

SI SATANÁS HUBIERA SABIDO...

Sin embargo, hablamos sabiduría entre los que han alcanzado madurez; y sabiduría, no de este siglo, ni de los príncipes de este siglo, que perecen.

Mas hablamos sabiduría de Dios en misterio, la sabiduría oculta, la cual Dios predestinó antes de los siglos para nuestra gloria, la que ninguno de los príncipes de este siglo conoció; porque si la hubieran conocido, nunca habrían crucificado al Señor de gloria.

—1 Corintios 2:6-8

Si Satanás hubiera sabido lo que estaba haciendo cuando crucificó al Señor de la gloria, nunca lo hubiera hecho. Él pensó que la crucifixión fue su mayor victoria, pero en realidad fue su derrota suprema.

Si Satanás hubiera sabido lo que estaba haciendo cuando se las arregló para que Jesús recibiera aquellos 39 azotes en su espalda...si hubiera sabido lo que estaba haciendo cuando incitó a los soldados a tomar la corona de espinos y enterrarla en el cuero cabelludo de Jesús hasta que la sangre corriera por su rostro y su barba...si hubiera sabido lo que estaba haciendo cuando traspasó sus manos y sus pies, y luego su costado...si hubiera sabido lo que estaba haciendo cuando hizo arreglos para el derramamiento de sangre que redimió al hombre, seguro que no lo hubiera hecho.

No es de extrañar que Satanás deteste la sangre. No es de extrañar que le tema a la sangre. Si hubiera sabido lo que estaba haciendo, nunca hubiera derramado esa sangre inocente. Pero se hizo "una vez y para siempre" y nunca podrá deshacerse.

Satanás no hubiera podido tocar a Jesús si el Padre no lo hubiera permitido. Pero lo permitió porque tenía un plan glorioso, un misterio escondido por las edades y generaciones, pero que ahora se nos revela en Jesucristo.

Tan a menudo en nuestras vidas Satanás piensa que está haciéndonos algo terrible que nos va a acabar, y sin embargo, Dios tiene otro plan por completo. Él toma aquello que Satanás quiso usar para dañarnos y lo usa no solo para nuestro bien sino para el bien de los muchos a quienes ministraremos.

Cuando usted se vea tentado a darse por vencido en los tiempos de prueba, siempre recuerde Romanos 5:17-19: "**Pues si por la transgresión de uno solo reinó la muerte, mucho más reinarán en vida por uno solo, Jesucristo, los que reciben la abundancia de la gracia y del don de la justicia. Así que, como por la transgresión de uno vino la condenación a todos los hombres, de la misma manera por la justicia de uno vino a todos los hombres la justificación de vida. Porque así como por la desobediencia de un hombre los muchos fueron constituidos pecadores, así también por la obediencia de uno, los muchos serán constituidos justos**".

La muerte pasó a todos los hombres mediante el pecado de Adán, pero la vida pasó o se hizo disponible para todos los hombres mediante la justicia de Jesucristo. Pero no sin derramamiento de sangre, ¡porque la vida está en la sangre!

13

PROTEGIDOS POR LA SANGRE

Por la fe celebró la pascua y la aspersión de la sangre, para que el que destruía a los primogénitos no los tocase a ellos.

—Hebreos 11:28

En la actualidad debemos aprender cómo "usar" la sangre. Así como aprendimos que se nos ha dado el nombre de Jesús y que debemos usarlo, ahora vemos que se nos ha dado la sangre de Jesús y debemos aprender a usarla. Tener una cosa no sirve de nada a menos que la persona sepa cómo adueñarse de ella y usarla.

Si yo tuviera un auto en mi garaje pero no supiera manejarlo, no me llevaría adonde yo necesitara ir. Si tuviera un fogón en mi cocina pero no supiera usarlo, no me ayudaría a preparar comidas para mí y para mi familia. Si tuviera un sistema de alarma en mi casa pero no supiera usarlo, no serviría de mucha protección contra los ladrones.

Los creyentes tienen la sangre de Jesús pero muy poco siquiera entienden el valor de esta, mucho menos usarla en sus vidas cotidianas para provisión y protección de sí mismos y su propiedad.

Para comprender bien el rol y función de la sangre en nuestras vidas cotidianas, veamos un ejemplo del Antiguo Testamento.

LA SANGRE COMO SEÑAL DE PROTECCIÓN

Y tomarán de la sangre, y la pondrán en los dos postes y en el dintel de las casas en que lo han de comer... Y la sangre os será por señal en las casas donde vosotros estéis; y veré la sangre y pasaré de vosotros, y no habrá en vosotros plaga de mortandad cuando hiera la tierra de Egipto.

—Éxodo 12:7, 13

Dios había escuchado el clamor de su pueblo que estaba cautivo en Egipto, les había enviado un libertador cuyo nombre era Moisés. Dios estaba lidiando con el faraón para que dejara ir a su pueblo, pero el faraón era testarudo. Varias plagas estaban llegando a Egipto para convencer al faraón de que mejor le era dejar ir al pueblo de Dios.

Entonces el Señor le reveló a Moisés que el ángel de la muerte iba a visitar Egipto y que todos los primogénitos morirían. Pero Dios dio instrucciones a Moisés sobre cómo debía protegerse su pueblo. Tenían que matar un cordero, tomar la sangre del cordero y ponerla en los dos postes y en el dintel (espacio sobre la puerta) de sus casas.

Dios les prometió que si lo hacían, cuando Él pasara por la tierra y viera la sangre, pasaría por encima de ellos y no serían tocados.

Dios ordenó a los israelitas que usaran la sangre de un cordero como señal de que no serían dañados. Observe que el Señor les dijo: "y veré la sangre y pasaré de vosotros". Para estar protegidos, Él tenía que ver la sangre y no podía verla si ellos no la ponían a los lados y encima del marco de la puerta.

Esta gente puso la sangre, literalmente, en sus casas, pero de nuevo vemos que el Nuevo Pacto es mejor que el Antiguo. ¿Cómo "ponemos" nosotros la sangre en nuestras vidas y nuestros hogares? Lo hacemos por fe. Lo hacemos sencillamente diciendo, con fe: "Pongo la sangre de Cristo en mi vida y en mi casa".

Cuando estoy aplicando la sangre, por lo general oro así: "Padre, vengo a ti en el nombre de Jesús y pongo la sangre de Jesús en mi vida y en todo lo que me pertenece, en todo aquello de lo que me has hecho administradora. Pongo la sangre de Jesús en mi mente, mi cuerpo, mis emociones y mi voluntad. Creo que estoy protegida por esa sangre. Pongo la sangre de Cristo sobre mis hijos, mis empleados y todos los compañeros de mi ministerio".

Mi esposo y yo nos quedamos en varios hoteles debido a nuestros viajes frecuentes por el ministerio. Muy a menudo mientras desempacamos y nos acomodamos en la habitación de un hotel yo "reclamo" la sangre o "pongo" la sangre sobre la habitación para limpiar o quitar cualquier espíritu malo que pueda estar ahí de otros huéspedes. Lo hago orando, hablando de la sangre en oración.

Una mañana, no hace mucho, Dave y yo hicimos nuestro cheque del diezmo para dar a la obra del Señor. Mientras lo hacíamos, pusimos las manos sobre el cheque y oramos. Fui y saqué nuestras chequeras y mi monedero, y Dave buscó su billetera y les impusimos las manos, y los cubrimos con la sangre, pidiéndole a Dios que protegiera nuestro dinero, que lo multiplicara y que Satanás no pudiera robarnos nada.

Creo que hay muchos creyentes que necesitan hacer lo mismo. Quizá usted sea uno de ellos. Si es así, usted *necesita* comenzar a usar la sangre de Jesús. Necesita comenzar a "vivir bajo la sangre". *Necesita* comenzar a orar la sangre sobre sus hijos, su auto, su casa y su cuerpo.

Quizá esté luchando con emociones heridas. Si es así, ponga la sangre sobre sus emociones para que no tenga que seguir estando devastado por personas que no parecen saber cómo darle lo que usted considera que necesita de ellas. Si su cuerpo está enfermo, pida la sangre sobre su cuerpo. La vida está en la sangre, puede sacar la muerte de la enfermedad.

EL CORDÓN ESCARLATA

Por la fe Rahab la ramera no pereció juntamente con los desobedientes, habiendo recibido a los espías en paz.

—Hebreos 11:31

Rahab la ramera usó un cordón rojo como señal de la sangre y se salvó de la destrucción cuando Jericó fue destruida. Ella había escondido a los espías que Josué había enviado a inspeccionar la tierra. Gracias a Rahab, ellos estuvieron a salvo del rey quien los hubiera matado. Antes de irse de su casa, ella les pidió que la protegiera tal y como ella los había protegido.

Como respuesta a su protección, ellos le dijeron: **"He aquí, cuando nosotros entremos en la tierra, tú atarás este cordón de grana a la ventana por la cual nos descolgaste; y reunirás en tu casa a tu padre y a tu madre, a tus hermanos y a toda la familia de tu padre. Cualquiera que saliere fuera de las puertas de tu casa, su sangre será sobre su cabeza, y nosotros sin culpa. Mas**

cualquiera que se estuviere en casa contigo, su sangre será sobre nuestra cabeza, si mano le tocare" (Josué 2:18-19).

¡Qué gran ejemplo de lo que podemos tener hoy!

Los hombres le dijeron a esta mujer: "Quédate bajo el cordón escarlata y estarás a salvo. No solo tú, sino todos los de tu familia a quienes tengas contigo. Pero si alguien se sale de la protección del cordón escarlata, será destruido".

Estos hombres habían aprendido sobre la Pascua. Sabían que sus ancestros habían estado protegidos por la sangre del cordero cuando fue colocada sobre los postes y los dinteles de sus casas en Egipto. Ahora esta mujer que los había ayudado estaba buscando protección y ellos le dijeron: "Ponte bajo el cordón escarlata (la sangre) y quédate ahí".

El cordón escarlata representa la sangre de Jesús que está en toda la Biblia. Use este cordón escarlata como una señal sobre usted y su familia. Cuando Dios lo vea, pasará por encima.

El diablo quiere que usted se olvide de la sangre, que no le preste atención. No quiere que usted hable de ella, ni cante de ella ni estudie al respecto. No permita que se lo impida.

En mi propia vida he observado que de vez en cuando el Espíritu me lleva a leer un libro sobre la sangre de Jesús así como sobre el nombre de Jesús. Yo conozco de estas verdades bíblicas, pero él quiere que me mantenga fresca en mi comprensión al respecto. Quiere que estimule mi fe en estas cosas. Cuando algo nos estimula, comenzamos a usarlo de manera más ferviente. Nos volvemos fervientes en aspectos que tal vez nos hemos enfriado.

Usted debe tener varios libros sobre ambos temas: el nombre de Jesús y la sangre de Jesús. Entonces, cuando sienta la necesita de estimularse de nuevo en estas verdad tan importante, tendrá la información que necesita. Este libro que está leyendo ahora mismo será un verdadero tesoro porque solamente con este volumen puede estudiar sobre la Palabra, el nombre y la sangre.

SUPLICAR LA SANGRE

Justo eres tú, oh Jehová, para que yo dispute contigo; sin embargo, alegaré mi causa ante ti. ¿Por qué es prosperado el camino de los impíos, y tienen bien todos los que se portan deslealmente?

—Jeremías 12:1

Quiero decir algo sobre la frase "suplicar la sangre" porque algunas personas piensan que está mal enseñar a las personas suplicar la sangre de Jesús.

Una noche se me acercó una mujer después de una reunión en la que me había escuchado decir la frase "suplicar la sangre". Me dijo que estaba mal suplicar la sangre, que no somos mendigos sino hijos de Dios y por tanto debemos "aplicar" o "poner" la sangre no "suplicarla".

Si la palabra suplicar fuera solo un término para los mendigos, entonces ella tendría razón, porque somos hijos de Dios y sin dudas no somos mendigos. Pero el uso de "suplicar" en este sentido es un término legal y no tiene nada que ver con mendigar.

Usted y yo tenemos el derecho legal a usar la sangre de Jesús, así como tenemos el derecho legal a usar el nombre de Jesús. Se nos ha dado y tenemos el *derecho* de usarla.

Veamos primero la palabra "suplicar" como aparece en el diccionario inglés *Webster's II New Riverside University Dictionary.* Esto es lo que dice, en parte: "Apelar con ahínco... hacer una súplica de una naturaleza específica ante un tribunal...dirigirse a un tribunal como abogado o defensor...Sostener o instar como defensa, vindicación o excusa...presentar como respuesta a una acusación, sumatoria o declaración hecha en contra de alguien".[11]

Déjeme decir aquí que Satanás sin duda quiere acusarnos; de hecho, se le llama **el acusador de nuestros hermanos** (Apocalipsis 12:10). Nuestra única defensa es la sangre de Jesús. No podemos ofrecer nuestra justicia ni un récord perfecto de buena conducta pero sí podemos ofrecer la sangre de Jesús. En verdad, ¡no nos atrevemos a ofrecer nada más que la sangre! Cuando usted trate de orar, el diablo pudiera intentar acusarle, recordándole su pasado y sus errores. De nada vale discutir con él ni tratar de defenderse. A veces yo simplemente le digo: "Ah, gracias, señor diablo, por recordarme mis pecados; ahora puedo recordar de nuevo cuán preciosa es la sangre de Jesús que ya me limpió de ellos". O cuando el diablo saca algún pecado, si es alguno del cual no me he arrepentido, solo me recuerda hacerlo y por lo tanto él pierde otra vez.

El diablo es un legalista a la máxima potencia, y más nos vale a usted y a mí usar todos nuestros derechos legales al tratar con él. Tenemos el derecho legal a la sangre de Jesús, y cuando suplicamos la sangre de Jesús estamos ejerciendo ese derecho legal, no suplicando en el sentido que la mayoría de las personas entienden el término, con un sentido no legal.

Un estudio de las palabras griegas que se traducen como "suplicar", "mendigar" o "mendigo" en el diccionario *Vine's Expository Dictionary of Old and New Testament Words* revela que la forma verbal significa "pedir...intensamente...pedir de todo corazón, importunar, seguir pidiendo."[12] Cuando yo oro no considero que estoy suplicando sino que estoy exponiendo mi caso delante de Dios y diciéndole que espero su ayuda e intervención. Jeremías consideraba que está exponiendo su caso delante de Dios cuando oraba en Jeremías 12:1.

Cuando yo oro, usando el nombre de Jesús o suplicando la sangre de Jesús, simplemente estoy ejerciendo mis derechos legales. Estoy presentando mi caso de que Jesús derramó su sangre y murió por mí; por lo tanto, Satanás no tiene derecho a dictaminar, acusarme, condenarme ni hacerme nada a mí ni a nada que me pertenezca.

Cual sea la frase que usted decida usar, depende de usted, pero el punto principal es: "use" la sangre. Ore por la sangre o póngala o aplíquela, o aduéñese de ella o suplíquela, pero por su bien, ¡haga algo con ella!

LA SANGRE Y LA AUTORIDAD RESTAURADA

Porque no tenemos un sumo sacerdote que no pueda compadecerse de nuestras debilidades, sino uno que fue tentado en todo según nuestra semejanza, pero sin pecado.

Acerquémonos, pues, confiadamente al trono de la gracia, para alcanzar misericordia y hallar gracia para el oportuno socorro.

—Hebreos 4:15-16

He mencionado que Dios quiere restaurarnos a usted y a mí a nuestra legítima posición de autoridad. Nacimos destinados para el trono, no para el basurero de la vida. Este tipo de pensamiento no es para que tengamos una actitud altanera o arrogante, sino que en realidad debiera hacernos humildes. Cuando vemos lo que Dios ha hecho por nosotros mediante Jesucristo, y cuán poco lo merecemos, debiera provocarnos humildad, que es de hecho el punto de partida de Dios para el poder.

El poder de Dios y el orgullo no ligan, así que no tema aprender de su autoridad como creyente. Mientras más aprenda sobre quién es realmente en Cristo, más humilde será.

Hebreos 4:15-16 es un pasaje maravilloso. En el capítulo 16 destaqué la palabra *confiadamente* para llamar nuestra atención. ¿Por qué podemos usted y yo acercarnos confiadamente ante Dios? ¡Solo por la sangre!

Piense en Hebreos 12:24 que nos dice que hemos venido a... "**Jesús el Mediador del nuevo pacto, y a la sangre rociada que habla mejor que la de Abel**".

En Génesis 4:10, que nos cuenta cómo Caín mató a Abel, leemos estas palabras: "**Y él [Dios] le dijo: ¿Qué has hecho? La voz de la sangre de tu hermano clama a mí desde la tierra**" (**nota aclaratoria**). Vemos que la sangre de Abel tenía una voz. Clamaba por Justicia, por venganza. La sangre de Jesús también tiene una voz: está ahora mismo en el trono de la gracia en el cielo clamando: "¡Misericordia! ¡Misericordia!" para todos los que creen en Él.

Si usted no entiende la misericordia de Dios, nunca caminará en una victoria real. La misericordia no se gana. La propia naturaleza de la misericordia implica ser bondadosa y perdonar a alguien que no lo merece, o escoger no castigar a alguien que merece castigo. Cuando el sumo sacerdote del Antiguo Testamento iba al Lugar Santísimo el Día de la Expiación para hacer expiación por sus pecados y los pecados de su pueblo, iba con sangre. Y parte de esa sangre se colocaba en el propiciatorio (Levítico 16:14-15). Dios perdonaba a su pueblo por misericordia no porque lo merecieran, y lo mismo pasa hoy. Recibimos misericordia solo por la sangre.

Aunque hoy me encanta enseñar sobre la misericordia, me tomó mucho tiempo entenderla. El problema era que estaba tratando de entenderla con mi cabeza, tratando de solucionar la justicia de esta y tratar de ganármela. Fue un día de gran liberación cuando por fin vi la misericordia como un regalo de la gracia de Dios y su amor, y que no tiene nada que ver conmigo, excepto que debo aprender a recibirla. Tratar de ganarme un regalo gratis es en verdad algo frustrante.

Usted y yo podemos ir confiadamente al trono y recibir misericordia por nuestros fracasos. Podemos caminar con la autoridad con la que Jesús nos ha revestido. Podemos ejercer autoridad sobre Satanás y sus huestes demoníacas gracias a Jesús y su sangre, no por nosotros ni nada que podamos hacer jamás para ganarnos ese privilegio. Realmente podemos decir: "*¡Hay poder en la sangre de Jesús!*".

Comprender el poder de la sangre nos quita la carga de encima de tener que hacer, de tener que ganarnos o merecernos, o de hacer algo que no sea creer y obedecer. No dije obedecer y creer. Dice creer y obedecer. Pasé años tratando de obedecer para poder probarle a Dios que tenía fe y que lo amaba. Pero lo había entendido al revés. Necesitaba llegar a una relación mediante la fe, como la de un niño, y luego como resultado de creer sería fortalecida por el Espíritu Santo para obedecer. Él me da la fortaleza para obedecer. No puedo sacarla de ningún otro lugar.

Comience a aplicar la sangre a sus obstáculos, sus ataduras, a aquellas cosas que no parece poder conquistar. No use su energía tratando de conquistar, úsela en adoración, en alabanza, en acción de gracias y en comunión. Jesús es el Héroe Conquistador, no usted ni yo.

14

PACTO DE SANGRE

Dijo de nuevo Dios a Abraham: En cuanto a ti, guardarás mi pacto, tú y tu descendencia después de ti por sus generaciones.

Este es mi pacto, que guardaréis entre mí y vosotros y tu descendencia después de ti: Será circuncidado todo varón de entre vosotros.

Circuncidaréis, pues, la carne de vuestro prepucio, y será por señal del pacto entre mí y vosotros.

Y de edad de ocho días será circuncidado todo varón entre vosotros por vuestras generaciones; el nacido en casa, y el comprado por dinero a cualquier extranjero, que no fuere de tu linaje.

—Génesis 17:9-12

No puedo escribir un libro sobre la sangre de Jesús sin incluir un capítulo sobre los pactos de sangre. El pacto de sangre es uno de los ritos más antiguos y poderosos de los que el hombre conoce. El pacto de sangre fue originalmente una idea de Dios, lo vemos al comienzo de la Biblia cuando Dios hizo un pacto con Abraham y lo hizo mediante un pacto de sangre. Tipos diferentes de personas usan el pacto de sangre como manera de hacer un acuerdo entre sí. El pacto de sangre incluso se usa en el ocultismo, porque aquellos que se involucran en esto saben el poder que tiene incluso cuando lo usan de una manera completamente maligna.

Al matrimonio se le llama pacto y de cierto modo podemos decir que es un pacto de sangre. Si una mujer es virgen cuando se casa, lo cual era el plan original de Dios, ella tiene un himen intacto que se romperá y sangrará la primera vez que tenga relaciones sexuales con su esposo. Es decir, la palabra hace un pacto y lo sella con el derramamiento de sangre.

Cuando Dios hizo el pacto con Abraham le dijo que se circuncidara, y que circuncidara a todos los hombres de ocho días de nacido en adelante. Se derramó sangre que pudiéramos considerar como la fuente de vida. El lugar desde donde provendría la simiente para generaciones futuras.

La sangre es una entidad poderosa y es así porque la vida está en la sangre. Cuando algo se cubre con sangre, como Dios lo ve, ha sido cubierto con vida y por lo tanto limpiado.

La Biblia se divide en dos partes, que se conocen como el Antiguo y el Nuevo Testamento, o el Antiguo y el Nuevo Pacto. Hemos visto el papel que la sangre juega en el Antiguo Pacto, y ahora vemos la parte que la sangre de Jesús desempeña en el Nuevo Pacto. Todos aquellos que creemos en Cristo tenemos literalmente un pacto de sangre con el Dios Todopoderoso. Pero si no entendemos el pacto de sangre pasaremos por alto el poder y la fortaleza de lo que esto realmente significa.

LAS BENDICIONES Y OBLIGACIONES DEL PACTO

Dijo David: ¿Ha quedado alguno de la casa de Saúl, a quien haga yo misericordia por amor de Jonatán?

—2 Samuel 9:1

La actitud liberal que nuestra sociedad tiene con respecto al matrimonio es un indicativo de nuestra falta de comprensión de lo que es un pacto en general. En primer lugar, contrario a la opinión popular, los pactos "no se hacen para romperse". En los tiempos del Antiguo Testamento si un pacto se rompía, el castigo para el que lo rompía era muy severo. El pacto era de por vida e incluso incluía a los descendientes de las partes involucradas en el pacto.

El rey David tenía un pacto con Jonatán, el hijo de Saúl, y mucho después de que Jonatán hubiera muerto, David buscaba encontrar parientes de Jonatán a los que pudiera bendecir por amor a Jonatán

(2 Samuel 9). Este ejemplo no solo nos muestra una faceta importante de la relación de pacto sino que también ilustra cómo Dios está dispuesto a bendecirnos por amor a Jesús. Somos herederos de Dios y coherederos con Cristo (Romanos 8:17). Por lo tanto, cualquier cosa a la que Jesús tenga derecho podemos reclamarla por derecho de herencia. Podemos decir que Jesús hizo toda la obra y que nosotros cosechamos todos los beneficios.

En el significado original del término, un *pacto* era un asunto muy serio, no se hacía a la ligera. Al ponerse de acuerdo, ambas partes quedaban obligadas a cumplir ciertas condiciones. Por ejemplo, todo lo que pertenecía a una de las partes se convertía en propiedad de la otra. Al sellar el pacto se requería que ambas partes dieran algo a la parte contraria que se considerara "lo mejor". Cuando Dios le pidió a Abraham que diera a su hijo Isaac (Génesis 22), estaba ejerciendo su derecho a pedir lo mejor de Abraham.

Todas las fortalezas de una parte se convertían en las fortalezas de la otra. La fortaleza de una suplía por las debilidades de la otra. Qué maravilloso pensar en este concepto en cuanto a nuestra relación con Dios. Sin dudas él tiene muchas cosas que usted y yo necesitamos y, en cuanto a la relación de pacto, él no puede, no se negará a compartirlas con nosotros. Él dará su fortaleza para vencer nuestras debilidades. Ya que tenemos una relación de pacto con Él, podemos confiar en Él.

En un pacto, aunque a nivel legal la propiedad de uno pertenecía al otro, cada parte podía tener la seguridad que la otra no se aprovecharía porque la relación de pacto no permitiría injusticia. No había ni hay un pacto más fuerte que el *pacto de sangre*.

"PACTO DE CORTE"

Así que, hermanos, teniendo libertad para entrar en el Lugar Santísimo por *la sangre de* Jesucristo, por el camino nuevo y vivo que él nos abrió a través del velo, esto es, de *su carne*... acerquémonos con corazón sincero, *en plena certidumbre de fe*... Mantengamos firme, sin fluctuar, la profesión de nuestra esperanza, porque *fiel es el que prometió*.

Hebreos 10:19, 20, 22, 23 (énfasis de la autora)

Una vez escuché un relato sobre Henry Stanley, el hombre enviado por su gobierno para encontrar a David Livingstone, quien había ido a África como explorador y misionero y nunca había regresado. Cuando Stanley viajó al Continente Negro, una y otra vez se enfrentó a tribus que no tenían intenciones de dejar que él y sus acompañantes pasaran sin percances. Muchos de los miembros de su equipo se encontraron con la muerte. El guía y el intérprete comenzaron a decirle que necesita un "pacto de corte" con estas tribus, y le aseguraban que si lo hacía, ellos se volverían sus aliados y no sus enemigos. Aunque la idea le resultaba repulsiva, realmente no tenía opción si quería seguir vivo.

El término "pacto de corte" se refiere a la ceremonia de pacto en que ambas partes se cortan e intercambian sangre ya sea al dejar gotear de su sangre en una copa, las friccionan, las mezclan y así se convierten en "hermanos de sangre" o "parientes de sangre". Cuando Stanley se convirtió en pariente de estas tribus, su protección quedó garantizada.

En un caso, el jefe de una tribu muy poderosa pidió el mejor regalo posible de parte de Stanley, algo que le fuera difícil dar.

Stanley tenía graves problemas estomacales y solo podía tomar leche de cabra. Podía comer muy poco así que la leche de cabra era su nutrición principal. Él tenía una cabra y la cabra era su posesión preciada, pero el jefe de la tribu dijo que la quería. Stanley, por supuesto, dudó, pero sabía que su vida dependía de cumplir con la petición del jefe. Era una decisión difícil. La respuesta de Stanley mostró su sinceridad. A menudo, Dios pide lo mejor de nosotros y nuestra respuesta muestra nuestra sinceridad. El jefe no necesitaba la cabra, estaba probando el compromiso de Stanley.

Después de que Stanley le dio la cabra al jefe, él respondió dándole a Stanley su lanza. Stanley sintió que le había tocado la peor parte del pacto porque no imaginaba qué podría hacer con una lanza vieja. Sin embargo, al continuar su viaje llevaba la lanza consigo y comenzaron a suceder cosas raras. Dondequiera que llegaba, la gente se inclinaba ante él. Sabían que la lanza pertenecía a uno de los jefes tribales más poderosos de África. Stanley aprendió que por tener la lanza, la gente le daría con gusto cualquier cosa que pidiera. Pidió una cabra lechera para reemplazar la que había entregado y le dieron todo un rebaño de cabras lecheras.

Así mismo actúa Dios con nosotros. Él quiere lo mejor de nosotros, algo que nos sea difícil soltar. Pero, si le damos lo mejor, Él siempre nos da lo mejor de sí. A veces nos duele algo que Dios ha pedido, pero la paciencia demostrará que lo que Dios da a cambio es mucho más grande que cualquier cosa que nos haya pedido entregar.

Cuando las personas hacían un pacto, no siempre derramaban su propia sangre. A menudo ambas partes o ambas tribus escogían un sustituto para que representara a cada una de las partes. Estos sustitutos derramarían su propia sangre y sellarían el pacto a nombre de aquellos a quienes representaban. Usted y yo tenemos un pacto de sangre con Dios, y Jesús se ha convertido en nuestro Sustituto. Él derramó su sangre y lo hijo como nuestro Representante.

Por lo que Jesús hizo por nosotros podemos tener confianza delante de Dios. Hebreos 10:19-23 nos enseña que nuestro pacto de sangre nos da confianza y libertad ante Dios. El Nuevo Pacto bajo el cual vivimos es muy superior al Antiguo. Hebreos 10:20 le llama un camino nuevo y vivo, mediante la carne de Cristo, es decir, su cuerpo y su sangre.

LA SANTA CENA O COMUNIÓN

Y mientras comían, tomó Jesús el pan, y bendijo, y lo partió, y dio a sus discípulos, y dijo: Tomad, comed; esto es mi cuerpo.

Y tomando la copa, y habiendo dado gracias, les dio, diciendo: Bebed de ella todos; porque esto es mi sangre del nuevo pacto, que por muchos es derramada para remisión de los pecados.

—Mateo 26:26-28

Comprender el pacto de sangre nos ayuda a entender la Santa Cena o Comunión.

Como muchas personas, recibí y participé de estos servicios durante años sin comprender realmente lo que estaba pasando. Sabía que el pan y el jugo representaban el cuerpo y la sangre del Señor Jesús. Sabía que él había indicado que lo comiéramos y bebiéramos en memoria de Él (Lucas 22:19). Pero hay un significado mucho más profundo y glorioso que viene al estudiar la sangre.

Esta escena es lo que se conoce como "La última cena". Jesús quería comer una última comida con sus discípulos y ser fortalecido en su camaradería antes de enfrentarse a Getsemaní, Pilato, el Calvario y toda la agonía que tenía por delante. Durante esta última cena, él habló proféticamente al usar el pan y el vino, y darles instrucciones de que participaran de su cuerpo partido y su sangre derramada al comer y beber del pan y el vino. En Mateo 26:28, Él dejó claro que su sangre sellaría y ratificaría, o validaría, el Nuevo Pacto que ellos tendrían con el Dios Todopoderoso.

En 1 Corintios 11:23-24, Pablo da instrucciones en cuando a la manera de recibir el pan y el fruto de la vida. Primero corrige a los corintios por reunirse y estar más preocupados por comer que por discernir la verdad que se suponía que transmitiera esta Santa Cena. Les dice que debían asegurarse de hacerlo con la actitud correcta y les recuerda que cada vez que comieran del pan y bebieran de la copa están proclamando un recordatorio afectuoso de la ratificación y establecimiento del Nuevo Pacto en la sangre de Jesucristo. Están haciendo memoria de su cuerpo partido por ellos.

Es evidente que esta gente venía a la reunión con hambre y que estaban demasiado impacientes como para esperar por los demás o meditar en la muerte y la sangre derramada de Jesús (vv. 20-22, 33-34.) Pablo les dijo que debían examinarse (v. 28), y yo creo que estaba diciendo que todos debiéramos examinar nuestra actitud y asegurarnos de que es correcta y solo entonces participar del pan y la copa: "**Porque el que come y bebe indignamente, sin discernir el cuerpo del Señor, juicio come y bebe para sí**" (v. 29).

La Santa Cena nunca tuvo la intención de ser un ritual vacío con poco o ningún significado para sus participantes. Primero tomamos el pan: Jesús es el Pan de vida. Él es la Palabra hecha carne (Juan 6:35; 1:14.) Al participar del pan lo tomamos a Él y recordamos lo que ha hecho por nosotros. Cuando bebemos de la copa es el equivalente a "rociar la sangre" o "derramar la sangre" en el sacrificio de su cuerpo. Es importante que tomemos ambos elementos, el pan y la copa.

Cualquier religión que intente quietar la sangre está quitando el poder del evangelio.

A menudo, recibo la Santa Cena en casa durante mi tiempo de comunión con el Señor. Significa mucho para mí. Muchas personas no comprenden que pueden hacerlo, creen que alguien tiene que dársela. Yo solía pensar que una "autoridad espiritual" tenía que servírmela, pero ahora entiendo que es algo de lo que puedo participar con mis hermanos y hermanas en Cristo o que puedo incorporar en mi propia adoración privada. Esta es otra manera en que usted y yo podemos honrar la sangre de Jesús en nuestras vidas diarias. Cuando yo tomo la Santa Cena entiendo que Jesús me ha dado lo mejor de sí. Dio su vida por mí. Quiero vivir para Él.

La Santa Cena puede, y debe ser, un compromiso renovado, una nueva dedicación de nuestras vidas a Él, un recordatorio de la sangre del pacto que tenemos con Dios porque Jesús ocupó nuestro lugar. Él llevó nuestros pecados (Romanos 3:24). Los ha llevado tan lejos como el este está del oeste y ya no los recuerda (Salmos 103:12). Él nos ama; nos da misericordia, gracia y favor (2 Corintios 9:14). Estamos sentados con Él en los lugares celestiales, a la diestra de Dios (Efesios 2:6).

¡Oh, la sangre, cuán preciosa es! ¡Cuán poderosa!

15

DATOS INTERESANTES SOBRE LA SANGRE

Te alabaré; porque formidables, maravillosas son tus obras;
Estoy maravillado,
Y mi alma lo sabe muy bien.

—Salmos 139:14

Me gustaría compartirle alguna información sobre la sangre que corre por el cuerpo físico. Son cosas que he aprendido a lo largo de los años en diversas fuentes. Creo que usted saldrá bendecido y maravillado de cómo Dios nos ha formado. Como dice su Palabra, en verdad "formidables, maravillosa son [sus] obras".

También estoy tratando de mostrarle la correlación espiritual de algunos de estos datos. Así como hemos visto que muchas prácticas del Antiguo Pacto eran tipos y sombras de las cosas mejores que llegarían en el Nuevo Pacto, a partir de una observación cuidadosa y del estudio podemos aprender que a veces las cosas del mundo natural representan las del reino espiritual.

Déjeme decir ahora al principio que no soy médico ni enfermera. Puede que no tenga cada detalle minucioso de manera exactamente correcta en mi análisis científico, pero creo que al leer usted captará la idea. Por favor, tenga paciencia con cualquier error de poca importancia en mi presentación sobre los aspectos fisiológicos aplicados a la verdad espiritual.

En el cuerpo humano adulto hay aproximadamente cinco cuartos de sangre que constantemente son bombeados por el corazón. Cada veinte o treinta segundos esta circula por todo el sistema. Cada célula del cuerpo se nutre y limpia constantemente por el flujo de esta sangre.

La vida está en movimiento. Si vamos a mantener la vida del cuerpo, la sangre tiene que mantenerse circulando todo el tiempo. El momento en que el corazón deje de bombear sangre, ocurre la muerte porque a menos que la sangre llegue a las células, estas se mueren, y cuando eso sucede, todo el cuerpo muere. Así que la vida está en la sangre y la sangre tiene que llegar a las células para mantener el flujo de la vida fluyendo en la persona. ¡Qué maravilloso!

Sin un abastecimiento constante de sangre, las células comienzan a morir instantáneamente. Cuando la sangre se detiene, la vida se detiene. Si la circulación de la sangre se quita de un brazo o una pierna, decimos que esa parte del cuerpo "se adormece". En realidad comienza a morir. Si la circulación de la sangre se quitara un tiempo suficientemente largo, todo uso y función cesaría y con el tiempo ocurriría la muerte.

¿En qué consiste la sangre? La parte líquida de la sangre se conoce como plasma y es transparente. En este plasma hay varias entidades diferentes, una de las cuales son las plaquetas (células finas y transparentes cuya función todavía no se ha entendido claramente). Luego están aquellas llamadas glóbulos rojos y glóbulos blancos. La función de los glóbulos rojos es llevar combustible y calor al cuerpo. Estas son las que le dan el color rojo a la sangre. También son el agente limpiador para las células.

La sangre transporta oxígeno que es la manera en que la vida se transporta a las células individuales en el cuerpo. Cada veinte o treinta segundos, el corazón bombea sangre suficiente para que llegue a cada célula y le lleve la nutrición necesaria.

Cuando usted y yo comemos, es nuestra sangre la que lleva la nutrición a las células. Mientras deja la comida, la sangre también recoge los desechos que envenenan el sistema y los lleva a los riñones y al colon para que los eliminen. Luego regresa rápido al corazón, recoge un nuevo suministro de nutrición, lo transporta a las células, recoge la "basura", la elimina, y el ciclo continúa cada 20 a 30 segundos.

Esto es lo que sucede constantemente en nuestro cuerpo en cualquier momento dado. ¡Dentro de nosotros hay mucho movimiento!

Es fácil ver, a partir de este ejemplo, por qué las personan usan la frase: "Uno es lo que come". No podemos comer chatarra constantemente y no salir dañados. La sangre y demás órganos tienen que trabajar el doble de duro para impedir que algunas de las cosas que comemos nos maten. Si echamos demasiada basura en nuestros cuerpos, nuestros órganos se cansan de tratar de mantener el ritmo.

El departamento de salud rápidamente cerraría cualquier establecimiento que permitiera que el mismo camión que entrega la comida también recoja la basura. Pero, dentro de cada uno de nosotros, Dios ha colocado un sistema circulatorio maravilloso, ¡una combinación del Espíritu Santo en la línea de servicio y eliminación de basura!

Eso es lo que hacen los glóbulos rojos en nuestros cuerpos. Nos mantienen llenos y limpios. Nuestra sangre no solo nos alimenta, sino que también limpia nuestro sistema físicamente.

Ahora, con ese conocimiento en mente, veamos lo que la Biblia dice sobre el poder de la sangre de

Jesús para limpiarnos del pecado que nos envenena espiritualmente.

LA SANGRE QUE LIMPIA

Si confesamos nuestros pecados, él es fiel y justo para perdonar nuestros pecados, y limpiarnos de toda maldad.

—1 Juan 1:9

Observe que en este pasaje se nos dice que si confesamos nuestros pecados a Dios, Él nos limpia. Yo creo que esta es la correlación espiritual con la manera en que la sangre continuamente limpia nuestro cuerpo.

Nuestra sangre trabaja para nosotros constantemente, trabaja continuamente para mantenernos limpio de todo veneno, y la sangre de Jesús trabaja todo el tiempo, los limpia continuamente para limpiarnos del pecado en todas sus formas y manifestaciones (ver 1 Juan 1:7). ¡Hay poder en la sangre de Jesucristo! Usted y yo somos limpiados *continuamente*, no solo de vez en cuando, no como en el Antiguo Pacto, una vez al año el Día de la Expiación, sino *continuamente.*

La Biblia dice que solo hay un requisito para nosotros: tenemos que reconocer libremente que hemos pecado y confesar nuestros pecados.

Sea pronto para arrepentirse, no trate de esconderle nada a Dios. Él nunca le rechazará. De todos modos, Él lo sabe todo pero el arrepentimiento libera el poder de la sangre a su favor. Así usted puede "usar" la sangre y permitir que esta sea eficaz en su vida.

Deje que el Señor le "lave" en la sangre. Libere su fe en la sangre de Jesús.

Si alguna vez ha lavado ropa, usted sabe que para que las cosas estén limpias usted tiene que restregarlas. Hoy tenemos máquinas que lo hacen, pero hace años mi madre restregaba la ropa en una tabla de lavar. La sangre de Jesús puede restregarnos por dentro. Recuerde que el autor de Hebreos dice que la sangre es lo único que nos limpia de una mala conciencia (Hebreos 9:14).

La sangre es como un poderoso agente limpiador. Si tenemos una mancha persistente en una pieza de ropa, a veces usamos un quitamanchas y lo dejamos un rato. Del mismo modo, cuando se aplica adecuadamente, la vida que está en la sangre quita la muerte (las manchas persistentes) de nuestra vida.

ABRIR Y CERRAR PUERTAS ESPIRITUALES

Airaos, pero no pequéis; no se ponga el sol sobre vuestro enojo, ni deis lugar al diablo.

—Efesios 4:26-27

A veces, como una tonta, abro una puerta, dejo una habitación, un punto de apoyo o una oportunidad para que el diablo entre a mi vida.

Por ejemplo, conozco los peligros de los conflictos y la mayor parte del tiempo los evito como si fueran una enfermedad aterradora (Santiago 3:16). Pero de vez en cuando bajo la guardia y alguien me enoja. A veces me toma más tiempo superarlo de lo que debiera.

Recuerde, la Biblia dice que no debemos dar lugar al diablo al dejar que el sol se ponga sobre nuestro enojo. Dios me ha enseñado a cerrar una puerta una vez que la he abierto. De hecho, Él me ha enseñado no solo a cerrarla sino a sellarla, y eso implica la sangre.

El diablo está buscando cualquier rendija en la puerta, por decirlo de alguna manera, para poder entrar y luego tratar de ganar entrada completa en la casa. He visto que él siempre está alerta, solo esperando **hasta otra oportunidad** (Lucas 4:13, NVI).

Es vital que nos arrepintamos cuando pecamos y que lo hagamos rápido. La sangre obrará por nosotros pero debemos usarla de acuerdo a la instrucción bíblica. El mismo principio se cumple con las puertas que pudiéramos abrirle al enemigo.

Como dice, tengo una revelación sobre los peligros de los conflictos, por lo tanto, soy responsable de lo que sé. ¿Sabía usted que el conocimiento implica responsabilidad? Si una persona es ignorante y no está informada, a menudo Dios escoge cubrirla de manera sobrenatural mientras está aprendiendo. Pero cuando tenemos conocimiento, se supone que lo usemos. El apóstol Pablo tuvo que ver con la matanza de los cristianos, pero después dijo que había recibido gracia, porque lo hacía en ignorancia (1 Timoteo 1:13). Si hubiera pasado años recibiendo revelación de Dios y luego hubiera regresado a matar a los cristianos, dudo que Dios hubiera tratado con él de la misma manera.

Cuando me doy cuenta de que he actuado de manera tonta, quiero asegurarme de no dejar una puerta abierta al diablo. Me arrepiento, le pido a Dios que me perdone y me limpie de la maldad. Veo este proceso como limpiar la infección de una herida. Si dejamos el pecado cubierto en nuestras vidas, la infección pudiera expandirse y causar grandes problemas. Pero podemos ser limpios al reconocer y confesar nuestros pecados.

Para asegurarme de cerrar cualquier puerta que pueda haber abierto al diablo, yo le pido a Dios que limpie la herida y cierre la puerta. Entonces la sello con la sangre de Jesús. Esta sangre es tan poderosa que impide que Satanás se aproveche de mi debilidad. ¡Le pido a Dios misericordia! Su gracia obra en mi pecado y su misericordia en la circunstancia que yo creé como resultado de mi pecado.

Esta no es una manera de vivir vidas negligentes ni de tener una actitud condescendiente con respecto al pecado y evitar todas las repercusiones del mismo, sino que es el derecho y privilegio de aquellos que buscamos realmente a Dios pero que no obstante, cometemos errores en el camino.

¡Oh, la sangre! ¡Hay poder en la sangre de Jesús!

CONCLUSIÓN

Y ellos le han vencido por medio de la sangre del Cordero y de la palabra del testimonio de ellos, y menospreciaron sus vidas hasta la muerte.

—Apocalipsis 12:11

Entonces vi el cielo abierto; y he aquí un caballo blanco, y el que lo montaba se llamaba Fiel y Verdadero, y con justicia juzga y pelea.

Sus ojos eran como llama de fuego, y había en su cabeza muchas diademas; y tenía un nombre escrito que ninguno conocía sino él mismo.

Estaba vestido de una ropa teñida en sangre; y su nombre es: EL VERBO DE DIOS.

—Apocalipsis 19:11-13

En estos dos pasajes de la Escritura vemos prueba suficiente de que venceremos al enemigo con el poder de la Palabra, el nombre y la sangre, de modo que no necesitamos decir nada más para apoyar las verdades expuestas en este libro. Oro para que le haya bendecido, y continúe haciéndole, y que le capacite para vivir como "más que un vencedor" (Romanos 8:37).

NOTAS

1. "The Solid Rock", de William B. Bradbury, Copyright 1976, Paragon Associates, Inc.

2. "Blessed Be the Rock" de Daniel Gardner, Copyright 1985 by Integrity's Hosanna! Music (c/o Integrity Music, Inc.)

3. Basado en la definición del Webster's *New World Dictionary*, 3rd college ed, s.v. "vano."

4. James Strong, *Strong's Exhaustive Concordance of the Bible* (Nashville: Abingdon, 1890), "Greek Dictionary of the New Testament," p. 56, entry #3972.

5. Dorothea Austin, *The Name Book* (Minneapolis: Bethany House, 1982), p. 189

6. Dorothea Austin, *The Name Book* (Minneapolis: Bethany House, 1982), p. 300.

7. Elmer L. Towns, *The Names of Jesus* (Denver: Accent Publications, 1987). Además de esta obra me gustaría recomendar los libros siguientes para el estudio de los nombres divinos: *The Names of Dios* de Lester Sumrall y *The Wonderful Name of Jesus* de E. W. Kenyon.

8. Elmer L. Towns, *The Names of Jesus* (Denver: Accent Publications, 1987), p. 112.

9. H. A. Maxwell Whyte, *El poder de la sangre,* Whitaker House, 2010.

10. W. E. Vine, *Vine's Expository Dictionary of Old and New Testament Words* (Old Tappan: Fleming H. Revell Company, 1981), Volume 3: Lo-Ser, p. 263.

11. Webster's II New Riverside University Dictionary, s.v. "suplicar".

12. W. E. Vine, *Vine's Expository Dictionary of Old and New Testament Words* (Old Tappan: Fleming H. Revell Company, 1981), Volume 1: A-Dys, p. 109.

JOYCE MEYER es una de las principales maestras prácticas de la Biblia del mundo. Sus programas de radio y televisión, *Disfrutando la vida diaria*, se retransmiten en cientos de redes televisivas y estaciones de radio en todo el mundo.

Joyce ha escrito más de 100 libros inspiracionales. Entre sus éxitos de ventas están: *Dios no está enojado contigo; Cómo formar buenos hábitos y romper malos hábitos; Hazte un favor a ti mismo...perdona; Vive por encima de tus sentimientos; Pensamientos de poder; El campo de batalla de la mente; Mujer segura de sí misma; Luzca estupenda, siéntase fabulosa* y *Tienes que atreverte.*

Joyce viaja extensamente, realizando conferencias durante el año, hablando a miles de personas en todo el mundo.

JOYCE MEYER MINISTRIES

Joyce Meyer Ministries—E.E.U.U.
P.O. Box 655
Fenton, Missouri 63026
USA
Tel: (636) 349-0303
www.joycemeyer.org

Joyce Meyer Ministries—Canadá
P.O. Box 7700
Vancouver, BC V6B 4E2
Canadá
Tel: 1-800-868-1002

Joyce Meyer Ministries—Australia
Locked Bag 77
Mansfield Delivery Centre
Queensland 4122
Tel: (07)3349-1200

Joyce Meyer Ministries—Inglaterra
P.O. Box 1549
Windsor
SL4 1GT
Tel: +44(0)1753-831102

Joyce Meyer Ministries—Sudáfrica
P.O. Box 5
Cape Town 8000
South Africa
(27) 21-701-1056

Los mensajes de Joyce se pueden ver en una variedad de idiomas en: tv.joycemeyer.org.